KB193779

À tous les
lecteurs coréens,
un immense Merci
pour votre fidélité,
Laurence Devillairs

모든 한국 독자 여러분의 충성심에 깊은 감사를 드립니다.
로랑스 드빌레르

로랑스 드빌레르의

스무 살에 알았더라면 좋았을
철학의 위로

한국 독자들에게

|

　무엇보다 먼저, 여러분의 성원에 깊은 감사를 전합니다. 아시다시피 글을 쓰는 일은 본질적으로 매우 고독한 작업입니다. 그러나 독자의 반응을 접하는 순간만큼은 다릅니다. 마치 바다에 띄운 유리병 편지가 마침내 수신자를 만난 것 같은 기쁨을 느낍니다. 저는 파도에 책을 던졌고, 여러분은 그것을 받아주셨습니다. 감사합니다.

　왜 '철학의 위로'일까요?

　철학은 상아탑 속에 갇혀 있거나, 외딴곳에 동떨어져 있지 않습니다. 철학은 우리 삶 속에서 숨 쉬고 활동합니다. 철학은 우리 삶에 빛을 비추고, 우리의 습관을 파괴하며, 우리의 신념을 뒤엎습니다.

철학은 때로 우리가 아무 생각 없이 사용하는 진부한 표현 속에도 자리 잡고 있습니다. 그 말들 속에는 숨겨진 생각과 어떤 의미를 전하고자 하는 의지가 담겨 있습니다. 행복, 시간, 일, 인간관계, 존재의 의미를 바라보는 우리의 관점은 어떨까요? 저는 이 책에서 우리가 일상적으로 사용하는 말들 속에 담긴 깊은 의미를 해독하려 노력했습니다.

이러한 표현들을 한국어로 옮기는 것은 실로 어려운 작업이었을 것입니다. 지극히 프랑스적이라 생각했던 표현들이 한국어로 전달될 수 있다니 놀라울 따름입니다.

행복에 대한 갈망, 흐르는 시간, 우리를 사로잡는 희망은 프랑스든 한국이든 우리 모두가 공유하는 경험입니다. 동시에 모두가 느끼는 불안이기도 하죠.

데카르트, 파스칼, 칸트, 홉스, 마키아벨리, 카뮈와 같은 위대한 사상가들과 우리를 하나로 묶는 것도 철학입니다. 일상에서 사용하는 언어에 은근히 자리 잡은 철학말입니다.

'철학의 위로'는 제가 바다에 띄운 병입니다. 한국의 독자 여러분이 그 수신자임에 진심으로 감사드립니다.

로랑스 드빌레르

옮긴이의 글

|

번역하는 사람의 즐거움은 독자로서 스스로 찾아 읽지 못할 수 있는 책들을 접하게 된다는 점이다. 그것도 단순한 독자가 아니라 책을 한 언어에서 다른 언어로 옮기기 위해 깊숙이 읽는 즐거움을 누린다. 이 책은 그렇게 만난 책 중에서 남달랐다. 본인이 15년 이상 한국어보다 프랑스어를 더 일상적으로 사용하며 생활하지 않았다면 저자가 다룬 프랑스어 표현들의 참맛을 제대로 알지 못했을 것이다. 평소에 깊이 생각하지 않고 일상적으로 사용하던 표현들을 다룬 이 책을 읽고 그에 대한 철학자들의 생각을 접하며 나 자신과 사회를 거리를 두고 바라볼 수 있었다.

이 책은 우리가 '위로'라고 하면 쉽게 떠올리는 그런 달달한 말을 전하지 않는다. 저자는 모든 일이 다 잘 될 것이고 걱정할 필요 없다고 말하지 않고, 철학자들의 생각을 근거로 "늦었다면 하지 않는 편이 낫다"고, "우리는 존재하는 한 걱정하고, 그렇기에 살아갈 수 있다"고, 또 "그 누구도 결코 완전히 내 입장이 될 수 없다"고 말한다. 그러면서 "적절한 때를 포착하라"고, "걱정하라"고, 우리는 "오늘의 나보다 내일의 내가 더 나은 사람이 될 무한한 가능성을 지니고 있다"고 전한다. 냉정한 통찰로 삶을 당당히 헤쳐가고 희망으로 향하는 문을 연다.

『스무 살에 알았더라면 좋았을 철학의 위로』를 즐거운 마음으로 다시 읽었다. 그러면서 내가 이러한 말을 스무 살에 들었다면 어땠을까 생각해 보았다. 그 내용을 완전히 이해하지는 못해도 드물게 접할 수 있는 소중한 말들임을 깨닫고 책을 간직해 두며 여러 번 꺼내 읽어 보았을 것 같다. 이 책은 살면서 힘들고 이해되지 않는 순간을 만나고 고통, 실망, 슬픔을 느끼는 우리에게 그 순간을 극복하고 앞으로 나아갈 동력이 될 만한 생각과 말들을 전한다. 그러니 어찌되었든 계속 살아가야 하는 우리에게 든든한 버팀목이 되어 줄 것이라고 생각한다.

이정은

추천의 글

|

이 책을 통해 그저 행복한, 필리프 들레름

로랑스 드빌레르는 말의 맛을 아는 작가다. 그래서 이 원고에 매료되었다. 신선한 아이디어로 사람들이 흔히 사용하는 익숙한 문장에서 새로운 발견을 해내는 작가. 우리가 상투적으로 사용하는 문장이 널리 사용되는 이유를 찾아내는 작가. 아리스토텔레스나 에피쿠로스, 프랑수아 페늘롱 같은 위대한 철학자들이 지닌 내밀한 생각과 늘 쓰는 문장을 연결해 삶에 숨겨진 철학의 지혜를 말하는 작가. 처음에는 약간 경계하는 마음이 들었다. 요새 이른바 철학을 쉽게 풀어 설명한 책이나 유행처럼 잡지에서 철학을 가볍게 다루기 때문이다. 생각 없이 읽는 스낵 컬처로 철학을 소비하는 건 끔찍한 일이다.

『철학의 위로』는 다르다. 로랑스 드빌레르가 선택한 문장으로 이루어진 각 장의 제목을 훑어보기만 해도 깊이감이 예상된다. '너무 착해서 바보', '그 사람 착해', '삶이 소설처럼 어딘가에 적혀 있다면', '그건 내 잘못인 것 같아', '염려하지 마'……. 의미 없는 이야기를 모아 붙인 패치워크가 아니다. 일상에서 별 뜻 없이 반복해서 사용하는 흔한 말에서도 철학적 존재를 발견해 낸다. 타인과 더불어 혹은 타인 없이 살아가는 방식을 찾아내고 삶이 철학과 맞닿은 순간을 포착하는 재미와 깊이를 동시에 잡은 참으로 적절한 작품이다.

로랑스 드빌레르는 우리가 흔히 저지르는 언어 실수를 짚어낸다. 같은 뜻이라도 말은 표현하기에 따라 달라진다. 그녀는 말의 맛을 아는 진정한 작가이기에 그 뜻을 정확하게 찾아내 사람들의 실수를 바로잡는다.

이것만 해도 참 좋은 일이다. 그런데 나는 이 책을 읽으면서 존경을 넘어서는 다른 무언가를 느꼈다. 로랑스 드빌레르는 지성을 갖췄으면서 어려운 단어가 아니라 일상에서 사용하는 언어로 훌륭하게 사고한다. 그 과정을 가만히 응시하면 시대의 흐름이 보인다. 하지만 그것만으로 만족하지 않는다. 더 나아가 자신이 가진 능력으로 독자의 통찰력을 끌어낸다.

틀에 박힌 기존 생각이나 정치적 올바름에 휘둘리지 않는 작가. 단순히 천편일률로 잘 사는 비법을 제공하거나 단편적인 생각으로 문제를 제기하지 않는다. 사람은 모두가 다르기 때문이다. 누군가는 틀에 박힌 대답이나 자기가 무조건 옳다고 생각하는 답을 강요한다. 그러나 그녀는 다르다. 그보다 훨씬 더 섬세하다. 로랑스 드빌레르는 온갖 역설과 모순의 한복판을 매우 단순하면서도 우아하게 헤쳐나간다. 철학자의 생각을 무조건 치켜세우지 않고 삶의 버팀목이 되어 줄 철학자들을 소개한다. 마치 알랭 드 보통이 전하는 '철학의 위안'처럼 말이다.

철학에서 얻기 힘든 인간적인 온기로 지성을 넓히는 작품. 말의 맛이 살아있는 가볍고도 심오한 『철학의 위로』를 맞이하게 되어 무척 뿌듯하다.

철학자 얼굴을 그리는 일이 즐거웠던, 만화가 김태권

"어떻게 살 것인가?" 많은 사람이 철학을 시작하는 질문이다. 젊은 시절 나 역시 이 질문을 마음에 품고 어려운 철학 책에 손을 댔다.

물론 철학에는 이 문제에 대한 답 역시 존재한다. 철학이 다루지 않는 문제란 없으니까. 그러나 '삶을 위한 철학'이라는 보물은 수많은 어려운 말과 개념 사이에 꼭꼭 숨어 있다. 책 더미와 씨름하다 우리는 '철학은 낯설고 어려운 것'이라고 생각하기 십상이다.

그래도 포기하지 말자. 보물 지도와 같은 이 책이 여기 있으니. 수많은 철학자의 보석 같은 인생 지혜를 간추린 책이다. '삶을 위한 철학'의 엑기스만 뽑았달까. 친절한 목소리로 우리에게 말을 건네는 많은 철학자의 얼굴을 그리는 일은 내게도 즐거운 작업이었다. 이 책을 읽는 즐거움, 하나 더. 고대부터 현대까지 서양 철학의 흐름을 어렵지 않게 파악할 수 있다. 우리네 지식 풍토에서 자주 접하기 힘든 프랑스 가톨릭 철학 전통 역시 이 책을 통해 만날 수 있다.

추천의 글

서른 셋이 되었다. 남들 눈에 얼추 어른처럼 보이는 사람이 된 것이다. 사람들은 대개 친절하다. 20대에 쏟아지듯 들었던 핀잔들을 돌이켜보니 애정이었다는 생각을 한다. 그때는 "나도 잔소리하고 싶지 않아"라며 잔소리 앞에 붙이던 말을 거짓이라 여겼다. 그러나 지금, 목 끝에서 맴돌다 삼켜버린 말을 생각하면 누군가를 위해 말을 건네는 일이 얼마나 어려운지 실감한다. 이제는 차라리 시원하게 말해 주는 이가 있었으면 좋겠다. 정신없는 현대인은 스스로의 과오를 짚어 내는 일에 쓸 시간이 없다. 나이만 살짝 든 서툰 어른으로서 삶이 여전히 막막하다.

아프기만 한 조언에 힘겨웠던 내 20대 시절에 이 책을 만났더라면 얼마나 좋았을까. 자기계발 콘텐츠나 어설픈 잔소리가 넘쳐나는 세상이다. 이 시대 청춘에게 진정 필요한 건, 사유로 다듬은 단단한 철학이다. 바쁘다는 핑계로 잃어버린 삶의 철학과 사유를 되짚어볼 수 있다. 지나처온 삶의 면면에서 우리가 놓친 중요한 생각들을 되짚어 보고, 이 책에 담긴 깊은 통찰을 통해 진정한 위로를 얻길 바란다.

이메일로 글을 배달하는, 『쉬운 천국』, 『우정 도둑』 작가 유지혜

삶은 선택의 총합이고 그 모든 선택은 나를 만든다. 그렇다면 철학만큼 삶과 맞닿은 학문이 또 있을까? 이 책은 뒤틀린 욕망과 실망스런 관계, 사사로운 좌절이 누적된 고단한 삶에서 스스로 걸어 나올 수 있게 하는 철학 가이드북이다. 좋은 책은 지름길로 가는 요령을 알려 주지 않는다. 말뿐인 자기긍정을 부추기지도 않는다. 대신 시간의 세례를 받은 사고들을 토대로 옳은 방향을 설정한 뒤, 독자 스스로 사고하게 한다. 그러니까 이 책은, 보다 멋진 시행착오를 독려하는 책이다.

저자는 섣부른 힐난없이 독자들이 각각의 삶에서 겪은 고충들을 이해한다. 삶의 구석구석에 철학을 배치하려는 시도는 그녀가 소소한 일상을 주목하는 데 탁월한 작가이기에 가능하다. 이 책을 다 읽고 나면 몇몇 문장들이 초콜릿 조각이나 꽃 한 송이처럼 위로가 되어 마음에 맺혔다. 그러나 나는 그 순간이 작다고 느끼지 않는다. 작게만 보였던 위로는 언젠가 혁명으로 자라날 것이다. 혁명은 가장 작은 성찰에서 시작된다는 것을, 저자는 알고 있었을 것이다. 나는 저자가 세운 다정한 모략을 믿어 보고 싶다.

인문학 책 100권 읽기를 시작한, 글 쓰는 개발자 김진중

인문학과는 거리가 먼 삶을 살았다. 프로그래밍이 취미이자 직업이었던 나에겐, 문제를 풀고 효율을 찾는 공학적 사고가 익숙했다. 그런데 "어떻게 살 것인가?" 같은 질문 앞에서는 늘 답을 찾지 못한 채 멈춰 서곤 했다. 마흔을 넘기고 나서야 인문학이 왜 중요한지 깨닫기 시작했다. "돈으로 행복을 살 수 있을까?", "실패는 왜 반복되는 걸까?" 같은 인생에서 겪는 크고 작은 고민과 질문들 때문이었다. 그래서 인문학 책 100권 읽기 프로젝트를 시작했다. 유명한 철학이나 인문학 책들은 공대생으로 살아온 내가 읽기엔 너무 어려웠다. 그러던 중 이 책의 목차를 훑어보다가 깜짝 놀랐다. "이거 다 내가 고민했던 내용들이잖아?" 싶었다. 마치 이 책의 주제들은 인생이라는 복잡한 소프트웨어 속 오류 메시지를 하나하나 짚어가는 디버거(Debugger) 같았다. 이 책이 100권 읽기 프로젝트의 첫 번째 책이었으면 좋았겠다는 생각을 했다. 나아가 스무 살 때 읽었다면 정말 좋았겠다고도 생각했다. 하지만 지금 읽어도 충분히 좋다. 100권의 자기계발서보다 이 책 한 권이 100배는 유익하다.

AI 시대에 일상의 철학이 소중한, 미래경영 전문가 변형균

우리는 매일 수많은 말들을 주고받으며 살아간다. "돈으로 행복을 살 수 있을까?", "너한테 감정이 있어서 그러는 건 아니야"와 같은 일상의 표현들. 이 책은 이런 친숙한 말들 속에 숨겨진 깊은 철학적 울림을 섬세하게 포착해 낸다. 평범한 언어 속에 스며든 데카르트부터 카뮈까지, 위대한 철학자들의 사유를 만나는 일은 특별한 경험이다. 프랑스 지성이 전하는 지혜가 우리의 일상 언어로 건너와 철학은 더 이상 어려운 학문이 아닌 삶의 친숙한 동반자가 된다.

이 책의 진정한 매력은 깊이 있는 성찰을 부담 없이 전달하는 데 있다. 때로는 위트 있게, 때로는 역설적으로 펼쳐지는 저자의 관점은 우리에게 삶을 바라보는 새로운 눈을 선물한다. 행복, 시간, 일, 인간관계에 대한 보편적 고민을 철학적 렌즈로 바라보며, 우리는 일상의 의미를 더욱 선명하게 발견하게 된다. 이 책을 읽고 나면 평소 무심코 사용하던 말들이 새롭게 들리기 시작할 것이다. 철학의 무게감보다는 따뜻한 위로와 날카로운 통찰로 이끄는 이 책을 당신의 서재에도 초대하길 바란다.

목차

일러두기

1. 철학자 이름의 경우
- 한글 표기는 일반적으로 가장 널리 통용되는 이름을 사용했습니다. 국립국어원의 외래어 표기법에 따라 표기했습니다.
- 영어 표기는 영어권에서 일반적으로 사용되는 표기를 사용했습니다. 비영어권 철학자의 경우 영어로 번역된 표준 표기를 사용했습니다.

2. 이 책은 로랑스 드빌레르의 『Brèves de philo』(2024년 개정판)의 한국어판이며, 초판은 2012년 『스무 살에 만난 지혜가 평생을 먹여 살린다』(명진출판)로 출간된 바 있습니다.

생각의 깊이를 더한 철학자

아리스토텔레스
029

칸트
033

보쉬에
039

라이프니츠
043

소크라테스
052

플라톤
053

바우만
059

한나 아렌트
064

세네카
073

로크
081

마키아벨리
082

니체
097

아우렐리우스
102

에픽테토스
108

바울
109

몽테뉴
126

홉스
138

샤를 페기
144

라 로슈푸코
149

파스칼
159

데카르트
172

프로이트
183

쇼펜하우어
184

에피쿠로스
190

루소
199

코르넬리우스
210

피에르 니콜
211

페늘롱
212

카뮈
218

하이데거
224

사르트르
231

애덤 스미스
244

마르크스
245

아우구스티누스
272

루터
279

장켈레비치
285

프롤로그

|

생각과 감정을 표현할 적당한 말을 찾지 못하는 경험처럼 말하기에 앞서 주눅이 들 때가 있다. 도대체 왜 그럴까? 내가 존재하지 않는다면 아무것도 아닌 말. 친구와 대화하듯 편하게 생각을 말하는 건 쉬운데 가끔 말문이 막힌다. 말을 어렵지 않게 생각하고 능숙하게 사용하기 위해서는 단어의 무게를 헤아려야 한다. 평소에 단어를 관찰하고 뜻과 의미를 자세히 살펴보면 말의 맛이 느껴진다.

Part 01

|

남들 생각에 휩쓸리다
문득
정신이 들었다

"인간이 특정한 덕을 습득하는 방법은 끊임없이
같은 방식으로 행동하는 것이다. 정의롭게 행동하면 정의로운 사람이,
온화하게 행동하면 온화한 사람이, 용감하게 행동하면
용감한 사람이 된다."
-아리스토텔레스-

돈으로 행복을 살 수 있을까?

행복을 바라보는 입장은 크게 두 가지로 나뉜다. 하나는 행복을 '존재' 자체로 보는 관점이고, 다른 하나는 행복을 '소유'라 여기는 관점이다.

첫 번째 관점을 가진 사람들은 행복이 순전히 마음속에 있다고 믿는다. 이 부류의 사람들은 돈으로 행복을 살 수 없다고 확신한다. 이들은 무언가를 가진다고 해서 그것이 반드시 행복한 감정으로 이어지는 건 아니라고 주장한다. 우리 모두 넘치도록 쌓여 있는 물건을 보고도 행복을 느끼지 못했던 고통스러운 순간을 한 번쯤은 떠올려 볼 수 있지 않을까? 수익을 계속해서 불리고, 루이비통 가방을 여러 개 소유하고, 고급 바에서 값비싼 위스키를 마셔도 만족하지 못할 때가 있다.

두 번째 관점을 가진 사람들은 집, 친구, 연인, 반려동물 등을 소유할 때 행복하다고 생각한다. 흥미롭게도 이 부류의 사람들은 행복을 표현할 때 주로 물질적인 것들을 언급한다. 재산이나 옷장 안에 행복이 있지는 않지만, 상업적이고 물질적인 것과 연결 짓지 않고 행복을 설명하는 것을 어려워한다. 고급 휴양 서비스, 리조트 회원권, 지붕이 열리는 스포츠카, 최신 커피 머신, 호텔에서 보내는 주말, 능력 있는 남편……. 물론 남편을 자동차나 리조트와 같게 볼 순 없지만 결론은 마찬가지다.

"내게는 사랑스러운 자녀가 있어요."
"나한테는 아주 훌륭한 남편이 있어요."

이와 같은 표현에서도 볼 수 있듯이 두 번째 부류의 사람들은 사랑이나 우정과 같은 비물질적인 관계조차도 소유의 개념으로 표현하곤 한다. 왜 소유와 소비를 나타내는 단어를 사용해 행복을 설명할까? 이는 우리의 이중적인 태도를 보여 준다. 이상적인 행복을 추구하면서도 실제로는 소소한 '금리 생활자'처럼 '행복 자산'을 관리하는 신세를 벗어나지 못한다.

한편, 일부 사람들은 우리가 음미하는 소소한 즐거움이 모여 행복이 된다고 보고, 행복을 순수하고 완전한 감정으로 정의하며 만족하기도 한다. 그해 들어 처음 마시는 로제 와인 한 잔, 뜨거운 여름날 마시는 시원한 맥주 첫 모금, 숲 내음, 벨라스케스의 명화 감상……. 나이가 들수록 행복에 대한 환상은 깨진다. 행복한 상태를 지속하는 게 힘들다는 사실을 깨닫고 이러한 소소한 순간들에서 행복을 찾게 된다.

하지만 이러한 태도 역시 소유의 관점으로 해석될 수 있다. 우리를 행복하게 만드는 작은 기쁨들이 결국 소비하는 재화, 즐거움을 주는 희소한 물건의 수집과 연결되기 때문이다. 그러다 보니 우리는 종종 행복한 삶을 물질로 가득 찬 성공과 혼동하게 된다.

타협하는 해결책을 제시하는 것을 좋아하는 아리스토텔레스는 우리가 행복을 물질적 재화와 연결 짓는 이유를 "행복은 외적인 재화 없이 완전히 이루어지기 어렵기 때문"이라고 설명한다. 아름다운 리버 뷰를 볼 수 있는 고층 아파트, 건강한 몸, 빨간불이 들어온 주식이 반드시 행복을 보장하지는 않지만 이 조건들이 단 하나도, 아주 조금이라도, 전혀 없다면 행복한 삶을 살기란 어려울 것이다.

아리스토텔레스는 『니코마코스 윤리학』에서 이렇게 말한다.

"출신이 좋지 않거나 자손이 없거나 외모가 아름답지 않다면 삶의 행복은 변질된다. 타고나지 못했거나 출신이 모호하거나 혈혈단신이거나 자식이 없다면 우리는 결코 완벽하게 행복하지 못할 것이다. 더구나 자식이나 친구가 있었는데 그들을 잃었다면 더더욱 행복하기 어려울 것이다."

돈이 있다면 행복하다. 충분한 재력이 있다면 친구를 사귀고, 영향력을 얻으며, 건강을 유지하고, 외모까지 가꿀 수 있다. 더 나아가 우리는 행복을 대할 때도 마치 돈을 대할 때와 똑같은 태도로 행복을 저축하고, 수익성을 높이고, 미래의 더 큰 행복을 위해 투자하려 한다. 마치 이윤을 만드는 것처럼 말이다. 이런 관점에서 보면 우리는 모두 '행복'이라는 주식을 거래하는 트레이더이자 개미 투자자들이다.

아리스토텔레스
Aristotle

논리학과 형이상학을 체계화한
철학의 과학자

-

기원전 384년 - 기원전 322년

아리스토텔레스는 플라톤의 제자였으나, 뛰어난 학생들이 흔히 그러하듯 이후에는 스승의 사상을 비판적으로 발전시키며 '리케이온'이라는 자신만의 학원을 설립하여 독자적인 철학을 펼쳤다. 플라톤이 이데아라는 초월적 세계에 주목했던 것과 달리, 아리스토텔레스는 철학을 현실 세계로 끌어들이고자 했다. 그는 논리학, 형이상학, 수사학 등 다양한 학문 분야를 체계적으로 분류하고 지식의 기틀을 확립했다. 그의 철학적 업적은 중세의 대표적 신학자이자 철학자인 토머스 아퀴나스(1224-1274)를 비롯한 후대 학자들에게 지대한 영향을 미쳤다.

"인간이 특정한 덕을 습득하는 방법은 끊임없이 같은 방식으로 행동하는 것이다. 정의롭게 행동하면 정의로운 사람이, 온화하게 행동하면 온화한 사람이, 용감하게 행동하면 용감한 사람이 된다."

사람은 희망으로 살아간다

눈빛은 멍하고, 눈 밑엔 계곡처럼 깊은 다크서클이 짙어지고, 속이 메슥거리고 두통이 느껴지는 데도 우리는 매일 출근한다. 아침마다 겨우 기운을 차리고 일어나 커피를 마시고 간단히 끼니를 때운 후 무미건조한 회사로 향하는 이유는 무엇일까?

그것은 바로 '희망'이다.

희망은 우리를 살아가게 하고 아침에 울리는 알람 소

리를 견디게 한다. 아직 경험하지 못한 즐거운 일들이 많이 남아 있고 언젠가는 좋은 일이 생길 것이라는 기대감으로 우리는 숨을 쉰다.

희망은 단지 하루를 살기 위해서만 필요한 것이 아니다. 삶의 바탕에 늘 깔려 있어야 날마다 하루를 견디며 살아갈 수 있다. 희망은 활력을 주고 우리를 살아 움직이게 한다. 반면 우울 상태는 그와 정반대로 모든 것이 얼음 속에 갇혀 빙산처럼 꿈쩍하지 않는다. 발전 없이 멈춰 버린 미래의 삶은 활력을 잃고 절망을 몰고 온다.

그렇다면 매 순간 축제를 벌이는 삶이 희망일까? 과도함을 추구하는 것은 오히려 절망의 한 형태다. 삶이 그 자체로 충분하지 못하다고 생각하기에 술, 섹스, 담배, 폭식, 명품, SNS를 통해 끊임없이 자극적인 요소를 삶에 더한다. 반대로 희망은 평범한 하루도 살아갈 만하게 만든다.

쾌락이나 행복이 삶을 살아 볼 만하게 하는 요소일까? 그렇지 않다. 살아 볼 가치가 있는 이유는 아주 단순하다. 단지 삶이기 때문이다.

남들 생각에 휩쓸리다 문득 정신이 들었다

살아 숨쉬는 것만으로도 가치가 있다고 강조한 철학자가 있다. 놀랍게도 그는 비판 철학의 중심에 선 칸트였다. 그는 『판단력비판』에서 이렇게 말한다.

"삶은 우리에게 어떤 가치를 지니는가? 단순히 우리가 향유하는 것에 근거해서 평가한다면 가치는 바닥까지 떨어진다. …… 결국 우리 자신이 삶에 부여하는 가치만 남는다."

남는 것은 희망뿐이다. 희망은 우리가 하루하루 살아가면서 그에 따르는 모든 일을 받아들이고, 더 나아가 고요한 새벽과 잠 못 이루는 밤까지 간절히 살고 싶게 만든다. 벨기에 출신의 숨은 철학자 조니 알리데(Johnny Hallyday. 1943~2017. 프랑스 대중 가수)가 표현했듯이 희망은 '원하고 또 원하는' 마음을 갖게 만든다.

칸트
Immanuel Kant
-
이성의 한계를 밝히고
도덕 법칙을 정초한 철학 혁명가
-
1724년 - 1804년

독일 철학자 임마누엘 칸트의 삶은 그의 저작 속에 온전히 녹아 있다. 그의 대표작 『순수이성비판』은 이성의 추론 방식과 그 한계를 탐구한다.

칸트는 형이상학을 탁월하고 야심 찬 시도로 보았으나, 궁극적으로 실패할 수밖에 없다고 판단했다. 그 이유는 이성을 순수한 사고만으로는 인식할 수 없고 감각적 체험에 기반해야 하는데, 신과 정신, 자유와 같은 형이상학적 대상은 체험이 불가능하기 때문이다. 그러나 칸트는 이성의 힘이 단순히 이론적 차원에 머무르지 않고 실천적 영역으로 확장되어 우리의 올바른 행동과 도덕의 토대가 된다고 보았다.

저도 제가 왜 그런지 모르겠어요

일요일 정오, 가족들이 함께 점심을 먹기 위해 모였다. 양고기를 메인으로 하여 채소를 곁들여 구웠고, 이제 먹기만 하면 되는 상황이었다. 그런데 함께하기로 한 남동생의 여자 친구가 오지 않았다. 그녀는 약속 시간이 한참 지난 오후 1시 45분이 되어서야 나타났다. 머리를 미처 말리지 못한 채 축축한 상태로 등장한 그녀는 식사보다는 커피와 크루아상만 가볍게 먹고 싶다고 말했다. 그러면서 이렇게 한마디 덧붙였다.

"저도 제가 왜 그런지 모르겠어요."

늦은 건 본인인데 모르겠다니. 과연 사람이 자신의 행동을 이해하지 못할 만큼 통제력을 잃을 수 있는 걸까?

그녀의 말대로라면, 자신이 그런 행동을 했지만 의도적으로 그러려고 그런 건 아니라는 것이다. 마음대로 자신을 통제할 수 없다는 말인데, 마치 내 안에 또 다른 내가 존재해 어떤 행동을 할 때 다른 사람이 하는 행동처럼 통제할 수가 없는 걸까? 분명 자신의 행동이지만 마치 타인의 것처럼 느껴진다는 것이다. 남들이 자신을 비난하는 것은 자유지만 악의는 없었고, 무슨 일이 벌어져도 의도적으로 그러려고 그런 게 아니라는 논리다. 의식하지 못하는 사이에 행동이나 반응이 제멋대로 나온다는 것이다. 마음은 그렇지 않은데 통제되지 않고 멋대로 이뤄지는 행동이라는 거다. 그로 인해 본인이 손해를 보고 해를 입기도 한다.

•
남들 생각에 휩쓸리다 문득 정신이 들었다

"저도 제가 왜 그런지 모르겠어요."

이 말을 자세히 들여다보면 더 이상 자신을 통제하지 못한다는 의미다. 나아가 자신이 어떤 사람인지조차 모른다는 고백이다. 결국 '모르겠다'는 말로 자신의 행동과 거리를 두며 책임을 회피하는 것이다.

반면 자기 행동에 책임지는 자세는 어떨까? 어떤 일을 하든 모든 행동에 분명한 의도를 가지고, 그 결과를 수용하고, 자신의 행동이 초래한 모든 결과를 온전히 인정하는 것이다. 이는 행동할 때마다 이렇게 말하는 것과 같다.

"제 의지로 하는 거예요."

좋든 나쁘든 자신의 행동이 곧 자기 책임이라는 사실을 받아들이는 것이다. 형법에서도 행동의 주체가 본인이라는 원칙하에 행위를 행위자와 연결 짓는다. 우리는 원하는 대로 행동하는 자유로운 주체다. 자신의 행위를 모르겠다며 책임을 회피하는 행동은 행위가 자신을 넘어선 상황,

즉 자아를 상실했음을 의미한다.

루이 14세 시대의 위대한 신학자 보쉬에는 자기 행위를 책임지지 않는 것이 단순한 일탈이 아닌, 자기 상실이자 자유의 파괴라고 보았다.

"자유로움은 우리가 원하는 일을 하는 것이 아니다. 우리가 하는 일을 원하는 것이다."

자신의 행동을 인정하고 받아들이는 자세는 자기 존재를 있는 그대로 수용하는 것보다 확실히 훨씬 더 어려운 일이다.

이탈리아 극좌파 테러 집단과 연관됐다는 혐의를 받은 인물인 안토니오 네그리조차 보쉬에의 관점에서 용기를 내라고 독려한다. 안토니오 네그리가 『망명(Exile)』에서 이렇게 말했다.

"행동을 할 때마다 그에 대한 책임을 져야 한다. 내가 한 행동은 영원히 남는다. 영혼이 아니라 행위가 영원히 살아 있는 것이다. …… 우리는 자신의 구체적 행위에 대한 책임 앞에서 비열해진다. 책임을 전가할 수는 없다. 인간은 모두 유일무이한 존재이며, 자신의 현재, 삶의 강렬함 그리고 거기에 바치는 인생의 젊음과 늙음, 즉 삶의 흐름을 책임져야 한다. 이것이 죽음을 피하는 유일한 방법이다. 시간을 꽉 쥐고 붙들어 책임으로 채우자. 반복되는 일상과 습관, 피로, 우울이나 분노 때문에 이 점을 놓칠 때마다 우리는 삶의 윤리적 의미인 인간의 도리를 잃게 된다."

보쉬에
Jacques-Bénigne Bossuet
-
웅장한 설교로 가톨릭 교리를 수호한
종교 사상가
-
1627년 - 1704년

자크 베니뉴 보쉬에는 프랑스의 저명한 주교이자 신학자, 설교자로서 54년간 수많은 청중 앞에서 설교했다. 특히 태양왕 루이 14세 앞에서도 설교를 했던 그는 세상의 공허함과 허상적 위대함을 꿰뚫어 보며 인간의 위대한 방황에 대해 아름답고도 통렬한 통찰을 전했다.

보쉬에는 당시 등장하던 근대적 사상 전반에 반대 입장을 보였으며, 특히 자신이 한때 후원했던 페늘롱이 주창한 신비주의 사상을 강하게 비판했다. 그는 신학자의 본질적 역할은 '과거로부터 전승된 믿음을 정제하고, 충분히 설명된 신의 섭리를 공고히 하며, 이미 확립되고 결정된 교리를 수호하는 것'으로 정의했다. 이와 대조적으로, 그는 이단자를 '개인적 견해를 내세워 기존 교리에 도전하는 자들'로 규정했다.

오직 행복만 하라

길거리, 사무실, TV나 라디오, 유튜브, 이메일, 카톡 메시지까지 어디에서나 이런 즐거운 외침이 들린다.

"행복 가득한 하루 되세요!"

평범한 하루로는 충분하지 않고, 오로지 행복만 해야 한다. 절정에 이른 순수한 기쁨만을 인정하는 '초과 행복 시대'가 열린 것이다. 우리는 전적으로 행복하거나, 전혀 행복하지 않거나, 둘 중 하나를 선택해야 하는 상황에 직면했다.

그러나 아무것도 섞이지 않은 순수한 행복은 위험하다. 행복감은 본질적으로 순수한 상태가 아니다. 행복한 감정을 느끼는 순간, 그 느낌을 잃을 거라는 두려움과 지속되리라는 희망이 동시에 찾아온다. 행복은 모든 욕망이 사라진 상태가 아니기에 우리는 행복감이 지속되고 더욱 강해지기를 계속해서 바란다. 욕망은 걱정과 염려가 섞인 기대의 한 형태다. 순수한 행복이 존재한다면 그것은 욕구가 없는 상태일 텐데, 이는 역설적으로 불행의 극치일 수 있다.

오로지 만족감만 느끼는 것은 불가능하다. 라이프니츠는 『인간오성신론』에서 욕망이 행복을 바라는 열망과 분리할 수 없는 절반의 고통이자 반쪽짜리 쾌감이라 지적했다.

"기쁨 안에도 걱정이 있다. 걱정은 인간이 깨어 있으며 활동하게 하고 더 멀리 나아갈 희망을 품게 만든다."

강렬한 만족감을 느끼는 순간조차 미세한 열망이 꿈틀거리며 마음을 조마조마하게 만든다. 계속해서 자극되

남들 생각에 휩쓸리다 문득 정신이 들었다

는 간지러움은 기계를 작동시키는 작은 용수철과 같다. 욕망과 기대를 비롯한 다른 감정이 전혀 없는 행복은 용수철이 없는 텅 빈 상태와 다름없다. 역설적으로 이는 우울 상태에 가깝다.

행복은 한 가지 감정만으로 나타나지 않는다. 그러므로 누군가 "행복 가득한 하루 보내세요!"라고 외칠 때, 그 말이 실은 권태감이나 무기력한 무관심을 나타내는 것은 아닌지 되물어 볼 필요가 있다. '행복만 가득하다'는 것이 오히려 권태로움과 무기력함의 표현은 아닐까?

라이프니츠
Gottfried Wilhelm Leibniz

모나드 이론을 주창하고
보편 지성을 추구한 합리론자

1646년 - 1716년

고트프리트 빌헬름 라이프니츠는 법률가, 역사가, 외교관, 정치 고문, 기술자, 수학자로 활약한 다재다능한 인물이었다. 그는 신이 "가능한 최고의 세상"을 창조했다고 주장했는데, 이는 후에 볼테르의 『캉디드』에서 팡글로스라는 인물을 통해 풍자되었다. 그러나 라이프니츠의 실제 사상은 더욱 정교했다. 그는 "우주에는 진정한 혼돈이나 불모의 죽음이 없으며, 걸보기의 혼란조차 질서에 기여한다"고 보았다.

그에 따르면 우주는 신이 정한 조화로 운영되는 하나의 체계이며, 이는 악과 고통의 존재를 설명한다. 즉, 신은 최선을 추구했으나 모든 창조는 필연적으로 한계를 지닌다는 것이다. 그는 이처럼 세상의 악이 신의 책임이 아님을 변호하는 '변신론'이라는 용어를 창안했다.

말을 잘한다고 생각이 깊은 것은 아니다

잼은 빵에 발라 먹으면 맛을 더하지만 끼니가 되지
는 못한다. 프랑스 남성 사중창단 레 프레르 자크(Les Frères
Jacques)는 잼에 대해 이렇게 노래했다.

"잼은 질질 흘러내려 손으로 줄줄 흐른다. 빵에 송송
난 구멍으로 빠져나간다. …… 그래서 어떤 사람은 알밤 크
림을 더 좋아해. 알밤 크림은 빵에 딱 달라붙어 흘릴 일이
없다. 또 투박하지만 먹으면 더 든든해."

잼은 평범한 바게트를 달콤한 디저트로 변신시키는 놀라운 힘이 있지만 빵에 잼을 바를 때는 구석구석 빈틈없이 발라야 한다. 잼이 닿지 않은 곳은 여전히 평범한 바게트다. 꼼꼼히 잘 펴 바르려고 해도 어떤 잼은 빵에 잘 들러붙지 않거나 흘러내리고, 먹어도 그렇게 속이 든든해지는 것은 아니다.

이와 마찬가지로 과시하려고 쌓은 교양은 듬성듬성하다. 알맹이가 비어 있다. 요란한 말로 강한 인상을 주지만 깊이가 없고, 사람을 매혹하지만 영양가가 없다. 잼은 '진정한 교양'이 아니라 펴 바른 곳에만 순간적으로 달콤한 상하기 쉬운 식품이다. 그게 아니라면 '잼 교양'의 강점은 그것을 펴 바르는 행위 자체에 있다. 다시 말해, 말이 가장 많은 사람이 오히려 교양은 가장 낮을 수 있다. 말을 잘한다고 해서 반드시 생각이 깊은 것은 아니며, 훌륭한 연설이 가장 진실한 연설도 아니다.

그리스 사상가 소피스트들이 대표하고 옹호한 '잼 교양'에 소크라테스는 강하게 반발했다. 그는 소피스트가 아무것도 알지 못하면서 아는 척하며 말하는 기술을 가르치고 보수를 받는다고 비판했다. 소피스트에게 교양은 권력의 도구였지만, 소크라테스가 보기에 그러한 생각은 교양을 상품이나 소비재 수준으로 격하시켰다. 플라톤은 스승 소크라테스의 말을 인용하여 소피스트를 '강한 인상으로 사람들을 현혹하는 거래상이자 장사꾼, 모방자'라고 비판했다.

소피스트는 진정한 지식을 쌓는 일에 매진하지 않는다. 그들은 자신이 아는 것을 과시하고 남들에게 믿게 하는 행위에 집중한다. 그들에게 교양은 자신의 지식을 뽐내는 도구일뿐, 견문을 넓히고 학식을 쌓는 데 쓰이지 않는다. 소크라테스 시대에 프로타고라스 같은 소피스트는 사교 생활에서 허세 부리는 방법을 가르치고 높은 보수를 받았다. 사람들은 소피스트에게 배운 덕분에 도시의 저녁 회식 자리에서 능수능란하게 말할 수 있었다. 그 시절, 정치를 논하던 광장인 아고라, 즉 지금으로 치면 미디어에서 확실히 두각을 나타냈다. 소피스트는 교양을 팔아먹는 용병이자 속임수의 대가였다. 그들의 전문 영역은 교양을 판매하는 기술, 얕은 지식으로 남을 지배하는 능력이다. 그들의 재능은 말을 그럴 듯하게 꾸며 남을 설득하는 말솜씨에 있다. 이러한 기술을 '수사법'이라 한다.

소피스트인 고르기아스는 이렇게 말하며 으스댔다.

"나의 형제를 비롯한 다른 의사들과 함께 자주 병자를 보러 갔다. 그들은 약을 마시려 하지 않았고, 의사에게 수혈이나 치료도 받으려 하지 않았다. 의사가 병자를 치료받도록 설득하지 못하는 상황에서 나는 오로지 수사법만으로 그들을 설득하는 데 성공했다."

소피스트는 우리를 더 지적이고, 사교적이고, 사회성 있는 사람으로 만들려 하지 않는다. 그들은 단지 사람들의 입에 오르내리며 주목받는 것만으로 충분하다고 여긴다. 그래서 당시 소피스트는 매우 인기가 있었고 철학자보다 훨씬 더 칭송받았다.

소피스트에 동조한 메논은 이렇게 말했다.

·
남들 생각에 휩쓸리다 문득 정신이 들었다

"소크라테스 선생님, 제가 고르기아스에게서 가장 좋게 생각하는 점이 무엇인지 아세요? 그는 미덕의 모범이 되겠다는 헛된 약속은 절대로 하지 않고, 오히려 그런 약속을 하는 사람을 비웃는다는 점이에요. 그는 사람들이 능수능란하게 말하는 방법을 가르치는 데 집중하지요."

소크라테스는 철학자이고, 고르기아스는 코치다. 전자는 지식을 숭배하는 반면 후자는 자신이 모든 것을 안다고 주장한다. 소크라테스는 헛되고 자만심에 찬 과시에 반대하며 자신이 아무것도 모른다는 사실을 주저 없이 인정했다. 그 점에서 소크라테스는 누구보다 지혜롭다.

소크라테스의 제자 플라톤이 스승의 위대한 사상을 기리기 위해 쓴『소크라테스의 변론』에서 소크라테스는 다음과 같이 말한다.

"그 사람이나 나나 대단하지 않고 모르는 게 많은데 그와 내가 다른 점이 하나 있네. 그는 아무것도 모르면서 자기가 안다고 믿지만, 나는 아무것도 모르면서 안다고 주장하지 않지. 그러므로 적어도 다 안다고 주장하지 않는 그 점에서 내가 조금 더 지혜롭다고 할 수 있네."

소크라테스는 확신을 갖기가 얼마나 어려운지 알지만, 소피스트는 확신에 가득 차서 자신의 지식을 과시한다. 사실상 소피스트는 자신의 무지를 모르기에 스스로를 강하다고 여긴다. 소크라테스의 반(反)소피스트 가르침을 따르는 철학자 알랭은 다음과 같이 단언한다.

"나는 소피스트의 의견에 전혀 동의하지 않으며, 그렇기에 고르기아스의 주장에 결코 동조하지 않겠다."

그리고 알랭은 『프로포』에서 다음과 같이 말한다.

"당신이 나를 설득하려 했다는 사실을 주변에 알릴 가치가 없으며, 나는 전혀 설득당하지 않았다. 나는 당신과 당신 주변 사람을 항상 의심하고, 그 사실을 말하며, 어떤 논거가 옳지 않다고 여겨지면 그 사실을 말할 것이다. 나는 무지하다. 하지만 오히려 무지하기 때문에 명백한 진리라고 생각되지 않는 것은 그 무엇도 진리라고 인정하지 않을 의무를 더욱 소중히 여긴다. …… 알지도 못하면서 경솔하게 판단 내린 적이 얼마나 많았던가? 권위에 이끌려, 사리사욕을 챙기느라, 우정 때문에 다른 사람과 똑같이 말한 적은 또 얼마나 많았던가? 하지만 나는 그것이 인간으로서 할 만한 일이 아님을 깨달았다. 솔직히 말해 보자. 만일 내가 당신이 주장하는 학설을 분명하게 이해하지 못했으면서도 당신에게 좋은 말을 듣거나 한자리를 얻으려고 그 학설이 증명되었다고 평가한다면 나는 초콜릿을 얻어먹으려고 재롱부리는 강아지와 다를 바 없지 않겠는가? 우리가 다시 만난다면 이렇게 하기로 하지. 나는 인간이 되기로 했으니, 당신이 증거를 가지고 와서 논증하기를 기다리겠다."

소피스트에 대항하는 가장 효과적인 무기는 지금도 여전히 소크라테스가 사용한 아이러니다. 아이러니는 거짓 확신, 모조 지식과 같은 '잼 교양'을 뒤흔드는 힘이 있다. 자신을 끊임없이 과시하려는 사람을 은근한 미소로 기죽이는 것, 이것이야말로 가장 오래 이어져 온 본질적인 철학의 자세다.

*
남들 생각에 휩쓸리다 문득 정신이 들었다

소크라레스
Socrates
-
대화와 문답으로 진리를 찾은
서양 철학의 아버지
-
기원전 469년 - 기원전 399년

소크라레스는 역사상 최초의 철학자로 여겨지는 인물이다. 그는 아테네 거리에서 사람들에게 질문을 던지고 그들의 확신을 의문시하는 '소크라레스식 문답법'을 통해 사람들의 고정 관념을 흔들고 진리를 탐구했다. 하지만 이러한 철학적 활동은 아테네의 기존 질서를 위협한다고 여겨져 투옥되었고, 결국 그는 '젊은이들을 타락시킨다'는 죄목으로 재판에 회부되어 사형을 선고받았다. 소크라레스는 제자들이 마련한 탈출 기회를 거부하고, 독배를 마심으로써 자신의 철학적 신념을 끝까지 지켰다.

소크라레스는 직접 저술을 남기지는 않으나 그의 사상은 제자 플라톤의 저작을 통해 상세히 기록되어 후대에 전해졌다. 그의 철학적 유산은 이후 서양 철학 발전의 토대가 되었다.

플라톤
Plato

-

이데아론을 주창하고
이상 국가를 설계한 철학의 거장

기원전 428/427년 - 기원전 348/347년

플라톤은 표면적으로는 스승 소크라테스의 사상을 대화체 형식으로 기록한 것처럼 보이지만, 실제로는 '철학'이라는 새로운 사유 방식을 체계화한 최초의 사상가였다. 그는 당시 사회의 지배적인 통념에 도전하면서 철학이라는 학문의 본질적 성격을 확립했다.

그에게 진리는 단순히 오류와 대립하는 것이 아니라 틀에 박힌 사고와 선입견이라는 지적 안일함에 맞서는 것이었다. 그는 기존 견해에만 안주하는 삶을 '동굴의 비유'를 통해 설명했다. 즉, 선입견과 편견에 갇혀 사는 것은 마치 어두운 동굴 속에서 실재의 그림자만을 보며 사는 것과 같다는 것이다. 철학은 이러한 고정 관념이라는 동굴에서 벗어나, 진리의 빛 아래에서 살아가는 방법을 가르쳐 준다.

할 일이 너무 많아

살면서 "할 일이 너무 많아"라는 말을 한 번도 하지 않은 사람이 있을까? 이는 현대인이라면 누구나 입에 달고 사는 말이 되었다. 현대 사회에서는 일이 넘쳐나는 것이 일상이 되었고, 감당하기 힘들 만큼의 업무량이 오히려 당연한 일이 되어 버렸다.

과거에 사용하던 다이어리를 현대인들은 어떻게 사용할까? 시간을 계획하고 정리하는 다이어리는 이제 자신이 얼마나 무능력한지를 기록하는 증거물이 되었다. 그럼에도 여전히 다이어리를 쓰는 게 중요하다고 믿는 사람들이 있다. 우리의 생활 공간은 이미 포화 상태이며, 시간은 늘 턱없이 부족하다. 시간이 없는 '텅 빔'과 할 일이 너무 많은 '꽉 참'이 기묘하게 공존하는 역설적 상황이 우리의 현실이다.

　　우리는 늘 시간에 쫓기며 뒤처진다는 불안감과 자신의 능력이 부족하다는 자괴감 속에 살아간다. 매사가 달성해야 할 과업, 수행해야 할 일이 되어 버린 탓에 할 일은 끝없이 쌓여만 간다. 마치 1인 사업자처럼 자신의 삶을 경영해야 하는 처지가 되어 수익이 없는 공백기나 실업 기간조차 허락되지 않는다.

　　삶의 모든 경험까지 해야 할 일로 여기다 보니 할 일은 끝없이 늘어난다. 현대인에게 '산다'는 것은 곧 '바쁘다'는 말과 동의어가 되었다. 사람들은 자신이 꼭 필요한 존재라서 바쁘다고 생각하고 그 바쁨을 통해 자신이 사랑받는다고, 가치를 확인하려 한다. 하지만 이 모든 활동을 일상에 담기에는 하루 24시간이 턱없이 부족하다. 그래서 우리는 쉴 틈 없이 달리고 있다.

　　삶이란 것이 참으로 시간이 많이 드는 일이다. 인사를

나누고, 감사를 표하고, 관계를 맺는 소소한 일상조차 시간이 필요하다. 스스로에게 질문을 던지고, 세상을 관찰하며, 의문을 품는 일에도 긴 시간이 필요하다. 분노하고, 거부하고, 비판하는 일도, 또 고요히 바라보며 경이로움을 느끼는 일도 마찬가지다. 그래서 우리는 이러한 경험들을 최대한 압축하고 효율적으로 이어가게 만들어야 한다.

생각하고, 만나고, 사랑하는 일에는 충분한 시간이 필요하지만, 우리에게는 그만한 여유가 없다. 반면에 어떤 행위들은 단순히 기계적인 일정 배치만으로 해결되는 것들이라 깊은 생각이나 많은 시간을 필요로 하지 않는다. 우리는 아일랜드 여행을, 짧은 만남을, 루브르 박물관을, 지중해를 '경험할 수' 있다. 하지만 정작 이런 경험들을 온전히 음미하며 '살아갈' 시간은 솔직히 말해서 없는 것이 우리의 현실이다.

사람들은 현대 사회가 가속화된 시대에 들어섰다고 말한다. 그래서 여러 일을 동시에, 그것도 매우 짧은 시간 안에 해내야 한다고 여긴다. 하지만 이는 단순히 현상을 관찰하는 데 그칠 뿐 문제의 본질을 파악하지 못하는 것이다.

증상만을 이야기할 뿐 그 원인은 살피지 않는다는 뜻이다.

이제는 단순히 현상을 이야기하기보다 근본적인 원인을 찾아볼 때다. 왜 우리 사회는 끊임없이 가속화되고 사람들은 항상 할 일이 넘친다고 느끼는 걸까? 그 해답은 우리의 경험이 체계적으로 축소되고 있다는 점에서 찾을 수 있다. 다양한 일을 직접 경험하는 데 필요한 시간을 최대한 효율적으로 써야 한다는 압박 속에서, 우리는 오직 급한 것들을 선별해 경험한다.

모든 일을 '검토 완료'라는 체크 표시로 끝내 버린다면 그것을 진정한 경험이라 할 수 있을까? 역설적이게도 우리 삶이 너무 '꽉 차 있다'는 사실이 오히려 모든 경험을 피상적으로 만들고 있다. 수많은 정보와 통지, '아침 루틴', '하루 다섯 가지 과일과 채소 섭취', '오늘의 뉴스 키워드' 같은 해야 할 일들에 둘러싸여 있다. 이 모든 것을 해내려면 마치 서핑을 하듯 표면만 훑고 지나가야 한다. 하루의 내용들을 마치 무한 스크롤되는 콘텐츠처럼 깊이 없이 넘기고 있는 것이다.

모든 것이 가속화되는 것은 우리가 체험에 주의를 기

울이지 않아서가 아니다. 오히려 진정한 체험 자체를 하지 않기 때문에 모든 것을 빠르게 지나치게 된 것이다.

독일 철학자 지그문트 바우만은 이러한 현상을 '액체의 삶'이라고 불렀다. 그는 이를 오직 현재의 소비와 감상에만 집중한 채 끝없이 흐르는 현재에 휘둘리는 삶이라고 표현했다.

"우리에겐 멍하니 앉아서 깊이 생각하고, 분석하고, 어떤 결론에 도달할 시간이 없다. 인터넷 용어만 봐도 그렇다. '헤엄치기'나 '잠수하기'가 아닌 '서핑하기'라는 은유적 표현을 쓰는 것처럼 말이다. 이는 모든 것이 표면에서만 이루어진다는 것을 의미한다."

2017년 지그문트 바우만이 이런 통찰을 내놓았을 당시보다 현재 우리의 삶은 더욱 표면적이 되었고 진정한 체험에 할애하는 시간은 더욱 줄어들었다. 이렇게 우리는 인간 본연의 존엄성을 어쩔 수 없이 헐값에 내다 팔고 말았다.

바우만
Zygmunt Bauman

-

액체 근대성으로
현대 사회를 해부한 사회학자

-

1925년 - 2017년

사회학자이자 철학자인 지그문트 바우만은 폴란드의 유대인 가정에서 태어나, 후에 영국으로 이주하여 그가 '액체'라 명명한 근대성의 한가운데서 살다가 2017년 생을 마감했다. 20세기의 잔혹한 역사를 목격하고 소련군 소속으로 나치에 맞서 싸운 그는 현대 사회의 '바쁜 삶'과 일회용품, 광기가 지배하는 현상에 맞서 '창조성과 글쓰기, 적극적인 사회 참여'를 통한 저항을 강조했다.

그가 정의한 '액체 사회'는 속도가 지배하는 사회로, 지속성과 관계, 성찰이 부재하며 자유보다는 안전을 추구하고 소비가 곧 행복으로 여겨지는 곳이다.

대체 불가능한 사람은 없다

정신 차리기 힘들 정도로 칭찬이 쏟아지는 순간에도 겸손한 사람은 이렇게 말한다.

"대체 불가능한 사람은 없습니다."

이는 몸을 낮추고 겸허하게 자신을 바라보며 자만과 허영을 피하려는 노력이지만 동시에 고통스럽기도 하다. 우리 마음 깊은 곳에는 자신이 유일하고 독특한 존재라는 확신이 자리잡고 있기 때문이다. 개개인은 각자 나름의 유일하고 독특한 면모를 지니고 있다.

라이프니츠는『라이프니츠와 아르노의 서신』에서 인간이 갖는 이러한 확신을 다음과 같이 간결하게 표현했다.

"진정한 존재인 인간은 다른 어떤 존재와도 다르다."

존재한다는 것은 곧 독특하고 대체 불가능한 존재임을 의미한다.

토머스 베른하르트는『몰락하는 자』에서 더 시적으로 말한다.

"자신을 단 하나뿐인 존재라고 봐야 한다. …… 우리가 절망하고 싶지 않다면 …… 할 수 있고 해야만 하는 일이다. 모두는 각기 하나밖에 없는 독특한 존재다. 사람을 따로 떼어 놓고 보면 전 시대를 통틀어 가장 위대한 예술 작품이다."

대체할 수 없는 사람이 아무도 없다고 생각한다면 우리는 판단 기준을 바꿀 필요가 있다. 사람의 쓸모가 아니라 개별성을 기준으로 삼아야 한다. 실리를 추구하는 관계에서는 얼마든지 사람을 교체할 수 있다. 효율이 중요한 프로젝트에서 능력이 부족한 직원, 더 좋은 조건을 제시하는 새로운 파트너가 나타났을 때 까다로운 기존 파트너, 상대에 대한 배려가 없는 연애 상대처럼 말이다. 하지만 이득만을 충족하려는 관계를 벗어나면 개개인 모두가 독특하고 유일하다. 우리가 관계를 맺는 이유는 단순히 이득 때문이 아니라 그 사람 자체 때문이다. 따라서 "대체 불가능한 사람은 없다"라는 말에는 인간관계의 득실을 따지는 실리적 관점에서만 바라보는 태도가 반영되어 있다.

매우 친밀한 사람 사이에도 존재하는 타산적인 관계는 타인을 존재 자체로 중요하게 여기지 않는다. 대신 타인이 주는 이득을 계산해 판단한다. 새로운 친구가 단짝 친구만큼 내 하소연을 잘 들어 준다면 단짝은 쉽게 대체될 수 있다.

"대체 불가능한 사람은 없다"는 말은 겉으로는 매우

겸손해 보이지만, 실은 더없이 냉혹한 계산적 이기주의를 내포하고 있다. 더 나아가 이는 자신의 가치를 낮추는 동시에 타인의 가치도 평가절하할 수 있는 위험한 사고방식일 수 있다.

한나 아렌트는 『전체주의의 기원』에서 이렇게 말했다.

"전체주의는 인간에 대한 독단적인 지배를 소망하기보다는 인간 과잉 체제를 지향한다. 독단적인 권력은 조건화된 반응과 자발성이라고는 전혀 없는 꼭두각시로 이루어진 세상에서만 뜻한 바를 이룬다. 자기 안에 참으로 많은 자원을 지닌 인간을 동물의 한 종이라 여기고 표본처럼 대해야 완전히 지배하게 된다."

한나 아렌트 설명처럼 전체주의 체제는 개인의 중요성을 무시하고 모든 이를 구별 없는 하나의 덩어리인 '대중'으로 취급한다. 우리는 이러한 틀에서 벗어나 각 개인을 대체 불가능한 존재로 바라볼 필요가 있다.

한나 아렌트
Hannah Arendt
-
전체주의의 실체를 밝히고
민주주의의 본질을 탐구한 정치 철학자
-
1906년-1975년

한나 아렌트는 20세기를 대표하는 정치 철학자이다. 유대계 독일인으로서 나치의 박해를 피해 미국으로 망명한 그녀의 삶은 그대로 그녀의 철학적 사유의 토대가 되었다.

아렌트는 『전체주의의 기원』을 통해 나치즘과 스탈린주의라는 20세기의 전체주의 체제를 철저히 분석했으며, 『예루살렘의 아이히만』에서는 '악의 평범성' 개념을 통해 현대 사회의 관료제적 폭력의 본질을 날카롭게 포착했다. 또한 『인간의 조건』에서는 현대 사회에서 사라져 가는 정치적 공론장의 중요성을 강조하며, 시민들의 자발적 정치 참여를 통한 '활동적 삶'의 가치를 역설했다. 아렌트의 사상은 오늘날까지도 전체주의와 민주주의, 시민성과 정치적 책임에 대한 깊은 통찰을 제공하고 있다.

생각의 깊이를 더한 철학자: 한나 아렌트

Part 02

|

실패가 반복될 때
내 안의
가능성이 보였다

"나를 죽이지 못하는 것은 나를 더 강하게 만들 뿐이다."

-니체-

삶이 소설처럼 어딘가에 적혀 있다면

세상의 모든 일이 미리 정해져 어딘가에 기록되어 있다면 어떨까? 우연과 실수, 우발적인 사건들로 가득한 우리의 삶이 사실은 어떤 엄격한 논리를 따르고 있다면? 또는 모든 상황이 불가피한 운명으로 서로 연결되어 있다면?

세상의 모든 일이 어딘가에 기록되어 있을 거라는 생각은 참으로 매혹적이다. 이 관점에서 보면 삶은 잘 짜여진 하나의 이야기다. 우리가 경험하는 모든 작은 일들이 서로 완벽히 맞물려 일관된 서사를 만들어 낸다고 생각하면 우리의 삶은 한 편의 소설이 된다.

이는 단순히 우연을 부정하는 것은 아니다. 단순하고 무미건조하게 반복되는 평범한 일상에서 특별한 의미를 찾으려는 우리의 욕구를 이야기하려는 것이다.

인생을 그렇게 바라봄으로써 평범하게 흘러가는 하루하루를 문학 작품처럼 해석하고 긴장감을 부여해 보자. 매일 벌어지는 사건들이 겉으로 드러나지는 않지만 나름대로 패턴을 가지고 있고 모두 중요하다고 생각해 보자. 나에게 일어나는 모든 일이 하나의 결말을 향해 나아간다고 본다면 무의미한 요소는 하나도 없다. 이는 허구적인 삶을 상상하고 현실을 미화하는 것이 아니라 좋은 시나리오처럼 평범한 일상에 긴장감을 부여하고 모든 사건에 숨겨진 의미를 찾는 행위다.

한 철학자는 개인의 삶을 추리 소설과 같은 줄거리로 보라고 권한다. 뛰어난 철학자 중 한 명인 폴 리쾨르가 『시간과 이야기』에서 이렇게 이야기했다.

"나는 누군가라는 질문에 답하는 것이 곧 인생을 이야기하는 일이다."

　내가 누구이고 무엇을 하는지 이해하고, 미래의 자신에게 어떤 일이 벌어질지 예측하려 노력할 때 우리의 삶은 흥미로운 소설이 된다. 그렇지 않다면 삶은 그저 우연과 반복, 예기치 못한 사건들의 연속일 뿐이다.

　근엄한 철학자인 리쾨르는 무미건조한 삶을 새로운 시각으로 바라보는 길을 제시했다. 우리 자신을 소설가이자 독자로 여기며, 일상을 기록하고 진정한 자아를 찾아가라고 말이다. 자신을 이야기의 주인공으로 생각하면 단조롭게 반복되는 평범한 일상에도 가치가 생긴다.

잃을 것도 없는데 뭐 어때

산을 오르다 만난 등산객이 말을 건넨다.

"얼마 안 남았어요."

헬스장에서 만난 트레이너가 화이팅을 외친다.

"할만 해요. 힘들지 않아요."

뛰는 것 외에 어떠한 희망도 없는 마라톤 선수를 끝까지 완주하게 하는 스스로의 외침,

"잃을 것도 없는데 뭐 어때!"

실패가 반복될 때 내 안의 가능성이 보였다

이는 이름을 걸고 대회에 나선 잃을 게 많은 챔피언이들을 말은 아니다. 하지만 주저하는 사람, 승리를 확신하지 못하는 사람에게는 부담을 덜어내는 강력한 긴장 완화제가 된다. 목숨, 재산, 명예 등 희생이 요구되는 중요한 것을 걸지 않은 상황을 의미한다. 설령 이기지 못해도 잃을 게 없는 도전, 유일한 실패는 시도조차 하지 않는 것이다. 일단 시도를 해 본다는 것은 위험하지 않은, 즉 어떤 방향으로도 나아갈 수 있는 완벽한 중립 상태인 셈이다.

철학자 세네카는 대회를 앞두고 망설이는 선수를 독려할 적절한 말을 남겼다.

"시도가 어려워서 하지 않는 게 아니라 해보지 않았기 때문에 어렵다."

안타깝게도 현실에서는 세네카의 말처럼 생각한다고 해서 마음이 쉽게 차분해지지는 않는다. 아무리 결과보다는 과정이 중요하다고 해도, 우리는 여전히 결과에 연연한다. 아무리 사소한 행동이라도 거기에는 무언가를 얻거나 잃을 가능성이 항상 내포되어 있다. 당연히 결과에 대한 크고 작은 불안감이 생긴다. '제로 리스크'란 없다. 아무것도 걸지 않고 행하는 일은 없다. 우리는 항상 실패할 가능성을 마주하고 있다. 살면서 벌어지는 모든 일에 노력을 들이고 신경을 쓰는 것은 인지상정이다.

왜 우리는 망설일까? 데이트 후 마음이 끌리는 상대에게 먼저 연락하지 못하는 이유는 뭘까? 그 사람이 나를 다시 만나고 싶어 한다는 희망을 잃을까 봐 두렵기 때문이다. 또 왜 나는 승진 심사를 앞두고 상사에게 면담을 신청하지 않을까? 그것은 내가 승진을 하리라는 꿈을 잃을까 봐 두렵기 때문이다.

과연 실패하고도 아무런 영향을 받지 않을 만큼 결과가 중요하지 않은 시도가 있을까? 작은 도전이라도 거절당하거나 성과를 얻지 못하면 누구나 슬픔을 느끼기 마련이다. 누가 뭐라 해도 내 앞에서 문이 닫히거나 공연 티켓이 매진되면 좌절한다. 가능성이 줄어들고 희망이 꺾인다. 가능성이 있는 한 희망의 불씨가 남아 있다.

결국, 우리가 시도할 때마다 걸고 있는 것은 희망이다. 챔피언이 아니더라도, 모든 선수는 희망이라는 타이틀을 걸고 대회에 나선다. 잃을 게 없는 사람은 없다. 우리는 승리를 믿고 기대하는 희망이라는 위험을 감수하며 앞으로 나아간다.

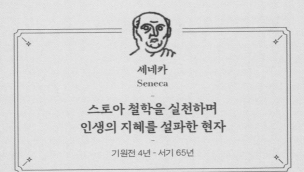

세네카
Seneca

-

스토아 철학을 실천하며
인생의 지혜를 설파한 현자

-

기원전 4년 - 서기 65년

세네카는 고대 로마의 대표적 스토아 철학자이자 원로원 의원, 네로 황제의 스승이었으며, 후에 네로의 명령으로 자결했다. 그는 지혜에 이르기 위해서는 열정을 통제하는 것이 아닌 완전히 제거해야 한다고 보았다. 현자는 모든 감정을 초월한 절대적 평정 상태인 '아타락시아'에 도달해야 한다고 가르쳤다. 그는 자유를 최우선으로 여겨 부를 멀리했고, 명예를 추구하지 않으면서도 운명이 부여한 직책은 담담히 수행했다. 또한 운명의 시련을 이겨내기 위해서는 있는 그대로를 받아들이고 순응해야 한다고 설파했다.

『삶의 지혜를 위한 편지』에서 그는 "시간이야말로 자신의 진정한 재산"이라며, "잘못된 일, 무위, 그리고 다른 일들로 낭비되는 삶의 시간"을 경계하라고 강조했다.

생각의 깊이를 더한 철학자: 세네카

늦더라도 하는 편이 낫다

드디어 움직였다. 내일의 내가 할 일이라며 끊임없이 다음날로 미뤄 왔던 고통스러운 습관을 마침내 이겨냈다. 오랫동안 미루고 미뤄 두었던 짝사랑의 고백을 결심한 것이다. 마침내 해야 할 일을 해냈다! 긴 시간 망설이고 주저했지만 결국 이 말이 떠올라 움직이게 되었다.

"늦더라도 하는 편이 낫다."

데카르트의 사상을 이어받은 영국의 철학자 로크는

『인간오성론』에서 어떤 일을 시작하거나 마무리 짓는 것이 의지가 발현되는 핵심적인 행위라고 말했다. 이 과정에서 진정한 의지의 강인함이 드러난다고 본 것이다.

> "인간은 어떤 일을 하거나 하지 않을 힘, 계속하거나 끝내는 힘을 자신의 마음속에서 발견한다. 우리는 이 힘을 '의지'라고 부른다."

의지는 우리가 자주 내뱉는 나태하고 무기력한 말과 맞선다.

> "만일 내가 그때 적어도 …… 을 했더라면."

이런 후회는 무언가를 놓쳤다는 상실감과 함께 삶이 건네준 기회를 놓쳤다는 자책을 불러일으킨다. 후회에는 삶을 갉아먹는 독이 숨겨져 있다. 행동할 기회를 놓친 것에 그치지 않고 지금 이 순간을 사는 나 자신까지 방해하는 것이다.

실패가 반복될 때 내 안의 가능성이 보였다

"늦더라도 하는 편이 낫다."

후회할 때마다 이 말을 떠올리면서 위안을 받곤 한다. 마치 시험에 떨어져 다시 재시험을 치르는 것처럼 두 번째 기회라도 주어진 것 같은 위안의 말이다. 세상이 관대하게 느껴지고 잃어버린 시간을 만회할 기회를 얻은 듯한 착각에 빠진다. 아직 가능성이 남아 있고, 회복할 수 있으며, 기회가 있다고 믿게 된다.

하지만 이는 허상에 불과하다.

"늦었다고 느낄 때가 바로 정말 늦은 때다!"

삶에는 리듬이 있어서 모든 일이 그만의 박자를 따라 진행된다. 타이밍을 놓치면 그때는 이미 적기가 아니다. 시기는 지나갔고, 나는 기회를 놓치고 만 것이다.

인생에 두 번 다시 오지 않는 결정적인 순간이 분명히 존재한다. 고대 그리스인들은 이 절묘한 타이밍을 '카이로스'라고 불렀다. 이는 가능성의 향기이자 미래를 여는 열쇠로서 반드시 붙잡아야만 하는 순간이다. 카이로스는 단호한 행동이 필요한 시간, 욕망과 기회가 조화롭게 만나는 황금 같은 순간이다. 이때를 놓치지 않고 출발하는 기차에 올라타야 한다. 그러지 못하면 헛발질하게 되고 때를 놓친 뒤에는 멀어져가는 기차를 멍하니 바라볼 수밖에 없다.

사람들은 종종 이 결정적인 순간을 앞머리는 풍성하지만 뒤통수는 대머리인 카이로스 신의 모습으로 표현한다. 카이로스가 등을 돌려 민머리를 보이기 전에 그의 앞머리를 잡아야 한다. 그 순간을 놓치면 더는 아무것도 할 수없다. 현재 이 조각상은 베네치아의 옛 세관 건물인 도가나(Dogana) 박물관 꼭대기에 있다.

"내 앞머리가 무성한 것은 사람들이 나를 처음 봤을 때 쉽게 알아채지 못하게 하기 위함이요, 나를 발견했을 때는 쉽게 붙잡을 수 있도록 하기 위함이다. 뒷머리가 대머리인 까닭은 내가 지나간 뒤에는 더 이상 잡을 수 없게 하기 위함이다. 어깨와 발뒤꿈치에 크고 작은 날개가 달린 것은 순식간에 사라지기 위함이다. 왼손의 저울은 기회가

실패가 반복될 때 내 안의 가능성이 보였다

눈앞에 있을 때 그 옳고 그름을 분별하고 판단하라는 뜻이요, 오른손의 칼은 옳다고 판단되면 칼처럼 과감히 결단하라는 뜻이다. 나의 이름은 '기회'다."

어떤 이들은 이로운 순간의 신을 '운명의 바퀴'에 비유한다. 제멋대로 돌아가며 어떤 때에는 불행을, 어떤 때에는 승리를 가져다주는 것처럼 말이다. 이 신은 세상의 예측 불가능한 흐름과 한 번 지나가면 다시는 돌아오지 않는 행운을 인격화한 존재다.

이처럼 시간은 신의 악보와도 같아서 상서로운 시간과 불길한 시간, 전환점과 방향을 바꾸어야 할 순간을 자기 마음대로 조율한다. 기회를 포착할 줄 아는 사람은 시간을 지배한다. 시간에 끌려가지 않고 시간과 함께 춤을 추는 것이다. 그러므로 "늦더라도 하는 편이 낫다"는 말은 어떤 면에서는 최악의 조언이다. 이는 늦게 도착해서 기차가 떠나가는 모습을 바라보는, 결국 어떤 기차에도 타지 못한 사람의 변명 같은 충고일 뿐이다. 그러므로 이렇게 말하자.

"늦었다면 하지 않는 편이 낫다."

　잘못된 시기에 이루어진 행동은 결실을 보지 못하기 때문이다. 어떤 사람은 용서를 구하거나 잘못을 사죄하는 일은 늦어도 된다고 반박할지 모른다. 하지만 용서를 구하는 일을 미루며 도망치기보다는, 때가 늦지 않았을 때 고민하고 타이밍을 놓치기 전에 용서를 구해야 한다. 모든 일에는 그에 맞는 적절한 때가 있는 법이다.

　철학자 아리스토텔레스는 실패를 피하기 위해 '신중한 사람', 즉 프로니모스의 자질을 기르라고 조언했다. 프로니모스는 구체적 상황을 정확하고 예리하게 판단하며, 통찰력 있는 시선으로 적절히 대응하는 정신과 민첩한 반응력을 지닌 사람이다.

　프로니모스는 결정을 내리기 가장 어려운 순간에 마음을 정하고, 아무것도 확실치 않을 때 결단을 내린다. 시간에 맞서 고군분투하며 싸우지 않고, 시간과 어울려 춤추며 그 흐름에 자신을 맡긴다. 상황에 적응하고, 때에 따라 단호하게 말하며, 필요할 때는 관대함을 보이고, 적절한 시기에 화해하며, 침묵이 필요한 순간에는 침묵한다. 상황이 요구하는 바를 정확히 파악하고 그에 맞는 행동을 할 줄 아는 이가 바로 프로니모스다.

이는 고도의 기교가 필요한 기회주의적 태도라 할 수 있다. 마키아벨리는 아리스토텔레스의 이러한 분석을 이어받아, 단순한 미덕이 아닌 뛰어난 기교와 유연성에 '비르투(virtu)'라는 이름을 붙였다. 이러한 행동의 달인이 지닌 좌우명은 분명 이러했으리라.

"다시없을 기회는 바로 지금이다!"

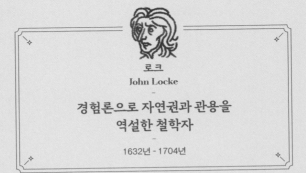

로크

John Locke

–

경험론으로 자연권과 관용을
역설한 철학자

–

1632년 - 1704년

영국의 철학자 존 로크는 사상의 기원, 정치적 자유의 보
장, 개인 정체성의 근거라는 세 가지 핵심 주제를 탐구했
다. 계몽 시대 초기를 대표하는 그는 데카르트의 계승자
이면서도, 가장 추상적인 지식조차 감각 경험에서 비롯된
다고 주장하며 그와 차별화된 인식론을 펼쳤다.

개인의 정체성이 기억에 기초한다고 본 로크는, 정치적으
로는 초기 자유주의 사상가로서 국가의 역할을 개인의 자
유 보장과 시민 사회의 이익 증진으로 한정했다. 그는 노
동을 통한 사유 재산 획득을 정당화했으며, '불편함'이라
는 감정이 인간을 더 나은 상태로 나아가게 하는 의지의
원동력이 된다고 보았다.

마키아벨리
Niccolò Machiavelli
-
**권력의 실상을
냉철히 분석한 정치 사상가**
-
1469년 - 1527년

르네상스 시대 피렌체의 철학자 니콜로 마키아벨리는 토마스 모어와 같이 이상보다는 현실을 중시한 사상가였다. 피렌체 공화국의 외교관으로 활동하다 실각하고 고문을 당하기도 한 그는 『군주론』을 통해 정계 복귀를 도모했으나, 메디치 가문의 부름을 받기 직전 생을 마감했다.

그의 핵심 사상은 두 가지로 요약된다. 첫째, 세상을 지배하는 예측 불가능한 운명의 바퀴에 대응하려면 상황 적응이 아닌 변화 예측이 필요하다는 것이고, 둘째, 선을 이루기 위해 때로는 악한 수단도 불가피하다는 것이다. '분열을 통한 지배'와 '적을 죽이거나 친구로 만들라'는 그의 조언은 냉혹한 현실주의를 보여 준다.

그래 봤자 소용없어

어떤 일의 성공 가능성이 희박하거나 노력해도 변화를 이끌어 낼 수 없다고 판단될 때 이렇게 말한다.

"그래 봤자 소용없어."

상황이 바뀔 가능성이 전혀 없다면 포기하는 것이 현명하고, 노력해도 변화시킬 수 없는 현실이라면 상황을 인정하고 그저 받아들이는 것이 낫다. 정말 그럴까?

불의에 맞서 싸우고 싶은가? 권위만 내세우는 상사의 부당한 행동을 바로잡고 싶은가? "그래 봤자 소용없다"며 체념할 수 있다. 그런 상황은 앞으로도 반복될 테니까. 인간은 인간에게 가장 큰 적이 되고 세상은 결코 공평하지 않으니까.

친구인 척하는 사람에게 진심을 털어놓고 싶은가? 내 곁을 떠난 짝사랑에게 좋아했다고 그간의 마음을 고백하고 싶은가? "그래 봤자 소용없다"고 말하며 포기할 수 있다. 사랑과 진실이라는 것이 모호한 개념이어서 아무리 노력해도 원하는 결과를 얻을 수 있을지 알 수 없으니까.

곰곰이 생각해 보면 가장 소중한 것들이 실용적 가치를 따졌을 때 가장 무용하다고 할 수 있다. 사랑, 진리, 정의의 진정한 의미는 바로 그 '무용성'에 있다. 이들을 진리로 지배하려 하고, 사랑으로 속박하려 하는 등 도구로 전락시키려 할 때 그 본질은 왜곡되고 만다. 깨지기 쉬운 아름다움은 변질되고 본래 가치 없던 것들이 그릇된 가치를 부여받는다. 사랑, 진리, 정의는 어떤 효용을 제공해서가 아니라 그 존재 자체로 가치를 지닌다.

사람은 사랑하는 일이 유용하다는 이유로 사랑하지 않는다. 이익을 위해 불의에 저항하지 않으며, 타인을 제압하려고 철학을 공부하지 않는다. 또한 단순한 쾌감을 위해 진리를 추구하지도 않는다. 진정으로 중요한 것들에 대해 사람들은 이렇게 말한다.

"눈에 보이지 않는 것."

하지만 더욱 중요한 사실은 그것들이 아무 쓸모가 없다는 점, 바로 '무용성'이다. 예를 들어 우리가 느끼는 행복과 즐거움은 실용적 관점에서 보면 아무 쓰임새가 없다. 열정은 어떠한가? 그저 이득 없는 소비일 뿐이다. 열정은 언제나 과도하여 필요 이상의 노력을 요구하고 손실을 감수하게 만든다. 웃음은 또 어떠한가? 심리학자나 뇌 과학자들이 웃음이 건강에 좋다고 말하지만 진정으로 즐거워서 터져 나오는 웃음에는 어떤 목적도, 기능도 존재하지 않는다.

하지만 오해하지는 말자. 쓸모없는 것들은 중요하고 고차원적인 가치를 지니고 있어서 인간의 성장과 발전을 이끈다. 그로 인해 사고의 지평이 열리고 정신은 성숙해진다. 대가를 바라지 않는 순수한 사랑, 우리가 추구하는 진리, 실천하는 선행, 고발하는 부정 그리고 모든 선한 행동과 도덕적 열정은 우리가 상상하는 것보다 더 큰 영향력을 발휘할 수 있다.

다음과 같은 사실을 두려움 없이 말할 수 있어야 한다. 선과 정의, 아름다움처럼 당장 실용성은 없어 보이지만 중요한 가치들을 통해 우리는 한계를 넘어서는 위대한 경험을 하게 된다. 이러한 경험이 당장 쓸모 있어 보이지 않더라도 궁극적으로는 인류의 발전에 기여한다.

승산이 없어 보이는 투쟁, 사랑의 고백, 정의로운 분노는 겉으로 보기에 무의미해 보일 수 있다. 하지만 이것들은 냉소주의와 나태함, 무기력에 맞서는 자유의 표현이다.

"그래 봤자 무슨 소용이야?"
"현실이 그런 걸 어떡해."

이런 체념적인 생각들에 맞서 인간은 끊임없이 투쟁

한다. 모든 것이 변화할 가능성이 없다거나 더 나은 무언가를 만들어 낼 수 없다는 생각을 거부하는 것, 그것이 바로 진정한 자유다.

쓸모없어 보이는 것들의 가치를 수호하는 모든 이에게 영웅적인 인물이 있다면 그것은 바로 돈키호테일 것이다. 소설 『돈키호테』를 쓴 작가 세르반테스는 이에 대해 다음과 같이 말했다.

"소설은 허위이고 거짓이며 쓸모없지만, 세상에 가장 필요한 것은 방황하는 기사다."

돈키호테는 출세나 경력을 좇지 않았기에 권력자들의 조롱거리가 되었다. 그에게는 성공보다 행동 자체의 아름다움이 더 큰 가치였다.

빅토르 위고는 『레 미제라블』에서 돈키호테의 정신을 계승하며, 승산 없는 투쟁과 희망이라는 '쓸모없지만 중요

한 가치들'에 정치적 의미를 부여했다. 이로써 겉보기에 쓸
모없어 보이는 것들이 민주주의의 핵심 가치가 되었다.

> "시도하는 것,
>
> 용감히 맞서는 것,
>
> 끝까지 굽히지 않는 것,
>
> 집요하게 전진하는 것,
>
> 자신의 신념에 충실한 것,
>
> 운명을 온몸으로 받아들이는 것,
>
> 재앙 앞에서도 두려워하지 않는 것,
>
> 부당한 권위에 맞서 싸우는 것,
>
> 자기도취에 빠진 승리를 경멸하는 것,
>
> 굴하지 않고 끝까지 저항하는 것,
>
> 이것이야말로 민중이 필요로 하는 모범이며, 민중을 열
> 광시키는 빛이다."

그건 내 잘못인 것 같아

일부 문법적 오류는 도덕적인 과오로 이어질 수 있다. 최근 주변에서 "그건 내 잘못인 것 같아"라고 말하는 사람들을 많이 보게 된다. 그런데 이 문장에서 '것 같아'는 불필요하며, 문법적으로 꼭 필요한 내용이 아니라면 "그건 내 잘못이야"라고 해야 맞다. 이는 단순한 문법 오류를 넘어 도덕적으로도 올바르지 않은 표현이다. '것 같아'를 덧붙임으로써 자신의 잘못이나 일탈에 거리를 두는 것이다. 마치 자신은 과오에 개인적으로는 책임이 없고 어떤 사고가 벌어져 그랬다는 듯한 뉘앙스를 풍긴다. 마치 커피 몇 모금 정도의 일부 과오만 자신의 것으로 인정하는 모양새다.

잘못했다면 명확히 인정하고 사과해야 한다. "그건 내 잘못이야"라고 깔끔하게 인정하고 사과해야 하는데, '것 같아'를 붙여 책임을 회피하려는 태도는 바람직하지 않다. '잘못'이 주체이고 자신은 어쩌다 엮인 불행한 조력자인 척해 봐야 자신이 벌인 행동이라는 사실에는 변함이 없다. 자신이 저지른 행동의 주체는 자신임을 인정해야 한다. 책임을 통감하며 "그건 내 잘못이야"라고 분명하게 사과하는 자세가 필요하다.

안타깝게도 이런 부적절한 표현이 마치 유행처럼 빠르게 퍼져 널리 쓰이고 있다. 다음 예시는 우리가 아무렇지도 않게 흔히 쓰는, 혹은 들어 본 문장들이다.

"검토해 보도록 하겠습니다."
"조치를 취할 수 있도록 노력하겠습니다."
"담당 부서에 전달하여 확인토록 하겠습니다."
"관련 사항을 검토 후 진행 여부를 결정하도록 하겠습니다."

"해당 문제에 대해 논의를 빠르게 진행할 수 있도록 하겠습니다."

"요청하신 사항에 대해 고려해 보도록 하겠습니다."

"문제 해결을 위해 최선을 다하도록 하겠습니다."

이러한 말들은 직접적으로 약속을 하거나 책임을 지거나 해결을 하겠다는 것이 아니라 상황을 모호하게 빠져나가는 비겁함이 묻어 있다. 공손함이 지나쳐 오히려 신뢰를 떨어뜨린다. 어떻게 개선해야 할까?

"검토하겠습니다."

"조치하겠습니다."

"담당 부서에 전달하고 확인하겠습니다."

"관련 사항을 검토한 후 진행 여부를 결정하겠습니다."

"해당 문제에 대해 빠르게 논의하겠습니다."

"요청하신 사항을 고려하겠습니다."

"문제 해결을 위해 최선을 다하겠습니다."

실패가 반복될 때 내 안의 가능성이 보였다

큰 사고를 친 혹자의 사과문에는 사건 경위와 재발 방지를 위한 반성이 들어가야 할 자리에 '국민을 화나게 해서 죄송하다'는 애매모호한 표현이 쓰인다. 거기에 '사회적 물의를 일으킨 것 같아 죄송하다'는 말까지 덧붙인다. 자기 잘못과 거리를 두며 죄를 회피하고 인정하지 않는 이들이 많다. 잘못은 있는데 그 잘못을 저지른 사람은 없는 상황이 벌어지고 있는 것이다. 이런 태도가 계속된다면 우리 사회는 책임을 회피하는 사람들로 가득 차게 될 것이다.

나쁜 경험도 경험이라

인생에서 우리는 종종 후회스러운 선택을 한다. 원치 않는 사람과 결혼을 했고, 보험 계약서에 서명했다가 해지하는 바람에 손해를 보았다. 이사를 했더니 집값이 떨어졌고, 주변의 만류에도 불구하고 투자한 코인이 상장폐지되었다.

이미 엎질러진 물이다. 사람은 직접 겪어 봐야 배운다고 하지 않는가. 나쁜 경험도 경험이라, 제아무리 고통스러운 실패조차 '경험'이라는 이름으로 지식과 지혜를 쌓고 더 성숙해지는 기회로 여긴다. 모든 경험에는 교훈이 담겨 있기 마련이다.

그러나 경험에 대한 신뢰는 또 다른 경험을 통해 무너지기도 한다. 경험은 개인마다 다르기에 모든 사람에게 동일하게 적용되지 않는다. 과거의 직접적인 경험도 현재의 나에겐 아무런 쓸모가 없을 수 있다. 5년 전 내가 처한 상황과 지금 내가 처한 상황이 다르기 때문이다. 그래서 과거의 교훈을 그대로 활용하기 어렵다. 직접 경험해서 얻은 지식과 지혜는 다른 어떤 경험과도 그 가치를 비교할 수 없지만 동일하게 반복되지는 않는다. 진정한 배움을 얻으려면 모든 상황에 적용할 수 있는 보편적 진리를 찾아야 한다. 하지만 개인의 경험을 일반화하기란 쉽지 않다.

인생은 늘 새로운 상황을 맞이하고, 문제 해결 방법도 계속 바뀐다. 경험이 항상 가르침을 준다고 '경험이 최고의 스승'이라고 말하는 것은 자기기만일 수 있다. 모든 실패가 쓸모 있다고 여기는 것도 역시 위험한 사고방식이다.

철학자 니체는 『우상의 황혼』에서 경험을 통해 지식과 지혜를 얻어 강해진다고 단언했다.

"나를 죽이지 못하는 것은 나를 더 강하게 만들 뿐이다."

하지만 어떤 실패는 태양과 같다. 너무나 강렬해 직시할 수 없다. 납덩이를 금덩이로 바꾸는 긍정의 마술은 때로 현실을 왜곡한다. 고통스러운 상황을 눈을 반쯤 감고 바라보며 외면한다. 그리고는 그 일로 인해 무언가를 배웠다고 자신을 위로한다. 위로가 되는 말이지만 사실상 우리는 아무것도 배우지 못했을 수 있다. 때론 그동안 겪은 실수와 실망, 과오가 아무 의미 없는 한 줌의 재처럼 느껴질 때도 있다. 그저 실패일 뿐이다.

진실을 받아들이는 것은 고통스럽다. 그래서 없는 의미를 찾으려 애쓴다. 하지만 어떤 실패는 교훈 없이 고통만 남긴다. 실패 후 성장하는 게 아니라 그저 살아남은 것뿐일 수 있다. 삶에 무의미한 사건이나 경험이 있다는 사실을 인정하기란 쉽지 않다.

쇼펜하우어의 『행복론』에 따르면 삶에서 얻을 수 있는 유일한 교훈은 '실패와 고통은 실제로 존재하는 반면,

실패가 반복될 때 내 안의 가능성이 보였다

행복과 위안은 환상일 수 있다'는 사실이다.

"행복과 즐거움은 저 멀리 보이는 망상이자 신기루지만 괴로움과 고통은 현실이다. 환상이나 기대처럼 한 발 떨어져 있지 않고 곧장 존재감을 드러낸다. 그러니 경험의 가르침이 결실을 본다면 행복과 즐거움을 추구하는 일보다 고통과 괴로움에서 최대한 벗어나려 온전히 열중할 것이다."

부정적 경험에 직면했을 때 회복 탄력성이나 불행을 치유하는 방법에 매달리기보다는 가능한 피하는 것이 안전할 수 있다. 실패를 겪기 전에 고통을 회피하는 능력을 기르는 것이 더 현명할 수 있다. 같은 실수를 반복하며 그 실패에서 배운 무언가로 성장했다고 긍정 회로를 돌리는 것보다 실패와 고통을 미리 예측하고 나쁜 일을 당하기 전에 눈치 빠르게 피하는 방법을 익히는 것이 더 유익할 수 있다.

니체
Friedrich Nietzsche

신의 죽음을 선언하고
초인을 꿈꾼 실존 철학의 혁명가

1844년 - 1900년

쇼펜하우어의 철학을 계승하고 실존주의의 선구자로 평가받는 프리드리히 니체는 목사의 아들이었으면서도 "신은 죽었다(Gott ist tot)"라는 충격적 선언을 했다. 그의 철학은 인간을 종교, 도덕, 철학이 만든 거짓된 가치로부터 해방시키려는 시도였다.

그는 억압적이고 금욕적인 우상들로부터의 해방을 통해 '위대한 건강'에 도달할 수 있다고 보았다. 여기서 말하는 건강이란 어떠한 도덕적 목적이나 원한 없이 삶 자체를 사랑하는 것으로, 존재하는 모든 것을 기쁘게 받아들이고 매 순간에서 소중하고 필요한 가치를 발견하는 것을 의미했다. 그러나 아이러니하게도 그는 말년에 건강이 악화되어 광기에 빠지는 비극적 운명을 맞이했다.

힘닿는 데까지 해 볼게

사람은 누구나 능력주의의 영향을 받는다. 원하든 원치 않든 좋은 결과를 얻으려는 욕심이 생기기 마련이다. 이때 "힘닿는 데까지 해 볼게"라는 말은 "하는 데까지 할래"와 대비된다. 전자는 사실상 자신의 한계를 넘어서겠다는 의지의 표현이다. 후자는 한정된 노동력의 한계를 인정하는 태도다.

　"힘닿는 데까지 해 본다"는 말에는 성취와 자기 초월의 의미가 담겨 있다. 반면 "하는 데까지 한다"는 표현은 비효율성이나 한계에 부딪힌 느낌을 준다. 힘닿는 데까지 한다고 약속하는 사람은 어려운 상황에서도 어떻게든 최선을 다하겠다는 느낌을 준다. 바로 장인 정신이다. 반면, 후자는 성공하려는 의지보다 주어진 환경에 만족하고 다른 수단은 찾으려 하지 않고 안주하는 듯한 인상을 준다.

그러나 "힘닿는 데까지 해 본다"는 말이 무모한 도전을 의미하지는 않는다. 오히려 자신의 한계를 인식하고 있다는 뜻으로 해석될 수 있다. 우리는 필연적으로 우리의 능력이 닿는 곳까지만 할 수 있기 때문이다. 불가능한 일은 그 누구도 해낼 도리가 없다. 이는 영웅주의적 표현이라기보다 자신의 한계를 현명하게 인정하는 태도를 나타낸다. 엄밀하게 말하면, 가능한 일만 하고 그 이상은 하지 않겠다는 선포다. 가능한 일만 하는 것은 생각보다 큰 힘이 필요하다. 불가능한 일을 거부할 줄 아는 단호함과 자신을 객관적으로 바라보는 눈이 필요하다.

고대 스토아 철학자 에픽테토스와 황제인 마르쿠스 아우렐리우스를 포함한 고대 철학자들은 현자만이 그 어려운 일을 해낸다고 생각했다. 그래서 스토아학파의 위대한 학자

세네카는『마음의 평정에 대하여』에서 이렇게 조언했다.

"불가능한 일이나 지나치게 힘든 일은 포기하라. 자신의
능력 안에서 희망을 북돋는 일에 집중하라."

뭔가를 이루기 위해 과도한 욕심을 부리거나 무리한
노력으로 자신을 괴롭히지는 말아야 한다. 헛된 욕망을 버
리고 힘닿는 데까지만 한다. 가능한 일만 하면 기진맥진하
지 않고, 실패할 일에 노력을 들이느라 시간을 쓰지 않는
다. 헛된 욕망을 버리고 실현 가능한 목표에만 집중하는 것
이 오히려 성공의 지름길이다. 아무리 노력해도 성공하지
못하는 불가능한 일에 매달리면 성과는 당연히 없다. 성공
하지 못했다고 얼굴을 붉히며 후회하고 애석해할 뿐이다.
현자는 앞뒤 사정없이 행동하는 어리석음을 보이거나 자신
의 능력을 과대평가하는 허세는 부리지 않는다.

적절한 목표를 설정하는 것은 체념이 아니라 자기 통
제의 표현이다. 자신의 약점과 한계를 인정하면 오히려 비
현실적인 욕망에서 벗어나 자유로워질 수 있다. 자기만족

을 아는 사람은 행복하다. 스토아 철학자들이 말하는 '마음의 평정'이 바로 이런 상태를 가리킨다.

영원한 젊음이나 불멸과 같은 인간의 능력을 넘어서는 욕망 대신, 자신의 능력으로 가능한 일을 하면 차근차근 발전해 나가고 그 과정에서 얻은 성과에 만족하며 한 발 더 내딛는 태도가 건강한 삶의 자세다.

철학자 세네카는 『삶의 지혜를 위한 편지』에서 제대로 살아가는 일은 모두가 이룰 수 있지만 오래 사는 일은 아무도 해낼 수 없다고 말했다.

"제대로 살아가는 일은 모두가 이룰 수 있지만 오래 사는 일은 아무도 해낼 수 없다. 하지만 사람들은 제대로 사는 일에는 신경 쓰지 않고 오래만 살려고 한다."

이 통찰에는 깊은 지혜가 담겨 있다. 자신의 능력 범위 내에서 최선을 다하는 것이 진정한 행복을 얻는 유일한 길임을 깨달아야 한다.

아우렐리우스
Marcus Aurelius
-
로마 황제이자 통치와 덕을 겸비한
철인 군주
-
121년 - 180년

마르쿠스 아우렐리우스는 철학자이자 현명한 정치가 그리고 황제라는 독특한 면모를 지닌 인물이었다. 그의 대표작 『명상록』은 스토아 철학의 실용적 안내서로써 혼란스럽고 소란한 세상 속에서 의연하게 살아가는 지혜를 담고 있다. 그는 모든 존재가 상호 연결된 우주 속에서 각자가 자신의 자리와 운명을 발견한다고 보았다.

"우리는 두 발이나 두 손, 눈꺼풀, 위아래 두 줄로 늘어선 치아처럼 서로 협력하기 위해서 태어났다. 그러므로 타인에게 적대적인 행동은 이치에 어긋난다"라고 말한 그는 인간의 내면을 깊이 통찰하고 교육의 중요성을 특별히 강조한 황제였다.

Part 03

어떻게 살아야 할지
불현듯
고민에 사로잡혔다

"꿈을 이루기 위해 필요한 것들을 백 가지 이상 발견했지만, 의지가
부족해 앞으로 나아가지 못했다. …… 삶을 뒤돌아보느라 허비했다.
의지를 실현하기보다는 추억에 빠져 뒷걸음쳤다. 가장 최악은 상황을
바로잡을 생각도 하지 않고 한탄만 한 것이다."

-앙리 프레데릭 아미엘-

간절히 바라면 이뤄진다

의지를 존재의 본질 또는 실체라고 생각하는 주의주의(主意主義, voluntarism)자, 의지주의자들은 의지로 모든 어려움과 약점을 극복할 수 있다고 믿는다. 그들은 간절히 바라면 반드시 이루어진다고 확신한다. 이는 시도하는 사람만이 성공할 가능성이 있다는 의미로 해석될 수 있다.

스토아 철학자 에픽테토스는 『강의』에서 이렇게 단언했다.

"바라야 한다. 그러면 일은 이루어진다."

그렇지만 우리는 이와 반대되는 경험을 한 번쯤은 해봤을 것이다. 온 힘을 다해 바라더라도 그것만으로는 부족할 때가 있다. 금연 패치를 붙이고 담배를 끊으려 노력하고, 다이어트를 위해 맵고 달고 쫄깃한 떡볶이를 참아 내고, 자기밖에 모르는 이기적인 사람과 절대로 사랑에 빠지지 않겠다고 다짐한다. 그러나 결국 실패의 쓴맛을 경험하게 된다. 실패를 맛본 사람이라면 누구나 의지만으로는 부족하다는 것을 알게 된다. 더구나 우리는 종종 자신이 열망하는 바와 정반대의 행동을 하기도 한다.

오비디우스는 『변신 이야기』에 이렇게 썼다.

"나는 선(善)이 무엇인지 알고 그것을 인정하면서도 악(惡)을 행한다."

어떻게 살아야 할지 불현듯 고민에 사로잡혔다

성 바오로 역시『로마서』에 비슷한 맥락으로 말했다.

"나는 내가 바라는 선한 일을 행하지 않고 오히려 내가 싫어하는 악한 일을 한다."

모든 것을 극복할 수 있는 최선의 해결책이라 여겨지는 의지란, 사실 착각에 불과한 것일까? 많은 경우에 의지만으로는 충분하지 않다. 우리가 결심하고 노력해야 하는 이유는 단순한 바람만으로는 원하는 바를 이루지 못하기 때문이다.

아우구스티누스는『고백록』에서 불완전한 자유 의지를 '외팔의 자유'라 표현했다.

앙리 프레데릭 아미엘은 1839년부터 1881년까지 40여 년에 걸쳐 쓴 1만 7,000쪽이 넘는『일기』에서 의지 부족으로 인한 고통을 상세히 묘사했다. 그는 이렇게 말했다.

"꿈을 이루기 위해 필요한 것들을 백 가지 이상 발견했지만, 의지가 부족해 앞으로 나아가지 못했다. ⋯⋯ 삶을 뒤돌아보느라 허비했다. 의지를 실현하기보다는 추억에 빠져 뒷걸음쳤다. 가장 최악은 상황을 바로잡을 생각도 하지 않고 한탄만 한 것이다. 나약한 눈물은 상황을 악화시키고 무력함을 더욱 가중할 뿐이다."

에픽테토스
Epictetus
-
**노예 출신으로 인간의
자유와 행복을 가르친 스토아 현자**
-
50년경 - 135년경

에픽테토스는 스토아학파의 대표적인 위대한 사상가였
다. 그는 철학의 목적을 "자연의 이치에 맞게 살아가는 방
법을 배우는 것"으로 보았다. 그에 따르면, 진정한 자유를
얻기 위해서는 열정과 과오, 도덕적 나약함, 그리고 판단
의 오류와 같은 모든 부정적 요소를 자신의 정신에서 완
전히 제거해야 한다.

그의 어록집『삶의 기술』은 인간에게 주어진 두 가지 힘을
설명한다. 하나는 우리가 스스로 결정할 수 있는 힘이고,
다른 하나는 우리의 능력 밖에 있는 힘이다. 욕망, 반감,
견해는 전자에 속하며, 재화, 영예, 명성은 후자에 속한다.
에픽테토스는 피할 수 없는 상황에도 용기 있게 맞서며,
승리와 패배 모두를 받아들일 수 있는 정정당당한 자세를
가져야 한다고 강조했다.

바울
Paul

-

예수의 가르침을 전파하며
기독교의 기틀을 다진 사도

-

5년경 - 64~67년경

초기 그리스도교의 대표적 사상가이자 최초의 신학자로 평가받는 바울은 본명이 사울(Saul)이다. 그는 처음에는 그리스도교인들을 박해하는 사람이었으나, 극적인 개종을 통해 열렬한 선교사가 되었다. 예루살렘을 떠나 광범위한 지역에서 펼친 그의 가르침은 그리스도를 중심으로 전개되었다. 사도가 된 바울은 하나님의 지혜를 전파했는데, 이는 예수의 고난과 죽음 그리고 십자가형을 근간으로 한 것이었다.

당대 최고 현자들에게 이러한 가르침은 터무니없는 광기로 여겨졌으나, 그럼에도 바울은 그리스도교의 속죄와 구원이 민족, 신분, 출신을 초월하여 모든 이에게 평등하게 주어진다는 보편적 교리를 확립하고 강조했다.

너무 좋아

|

극한의 상황에서 느끼는 희열, 온몸이 행복감으로 마비되어 겨우 입술을 달싹거려 외친다.

"너무 좋아!"

이는 한계를 잊고 쾌감에만 빠진 과도한 표현이다. 단순한 만족이 아닌, 오로지 쾌감만을 추구하는 말투다. 때로는 과할 수 있다. 그러나 평범한 만족감을 넘어서고, 기대 이상을 바라고, 생각 이상의 도파민 분출에 중독되면 단순한 만족을 하찮게 여기게 된다.

　'너무 좋아'야만 한다.

　하지만 '너무'가 좋음을 가늠하는 기준이라면 그 척도를 어떻게 측정해야 할까? 충분하다는 것의 기준은 무엇일까? 사실 이런 기준을 정하려는 생각 자체가 무의미할 수 있다. 우리가 추구하는 만족은 적당함을 넘어 한계 이상을 향하기 때문이다.

　그렇다면 과도함은 무엇일까? 한계 없이 무한대로 만족을 추구하면 결국 어떤 것에서도 만족을 느끼지 못하게 된다. '너무 좋음'에 갇히면 잔잔한 행복에서 오는 소소한 기쁨을 놓치게 된다.

　아리스토텔레스는 좋은 것은 언제나 두 극단 사이에 위치한다고 보았다. 너무 많거나 적은 것 사이에 위치한다고 보았다. 예를 들면 관대한 사람은 낭비벽이 있는 사람과 구두쇠 사이에서 중도를 지킨다. 이는 짜릿한 행복감과는

어떻게 살아야 할지 불현듯 고민에 사로잡혔다

거리가 멀지만 지속적인 즐거움을 가져다준다. 신중한 자세로 적절한 행복을 찾는 지혜가 필요하다.

아리스토텔레스는 『니코마코스 윤리학』에서 이렇게 말했다.

"조예가 깊은 사람은 과도함과 부족함을 피해 적절한 중간을 추구하고 선호한다. …… 그래서 사람들은 적절하게 이루어진 모든 일에 대하여 덜어 낼 것도 없고 더할 것도 없다고 말하곤 한다. 조금이라도 더하거나 빼면 완벽함이 사라지기 때문이다."

결국, 행복은 균형을 잡는 일이다. 과도함과 부족함을 모두 피하고 현명하게 중용을 지키는 것이 중요하다. 과도한 흥분은 순간적일 뿐 진정한 만족을 주지 못하고 결국 사라지기 마련이다. 진정한 행복은 지속 가능한 균형에서 온다.

걱정하지 마세요

심장이 점점 빠르게 뛰고 손바닥이 축축해지면서 어찌할 바를 모르고 당황할 때, 더 이상 빠져나갈 길이 없고 실패가 뻔히 보일 때, 벼랑 끝에 서 있는 듯한 절박한 순간에 어디선가 누군가 나에게 구명 튜브를 던지듯 힘차게 말한다.

"걱정하지 마세요!"

하지만 이 말은 안심되기보다는 오히려 더 큰 불안을

어떻게 살아야 할지 불현듯 고민에 사로잡혔다

야기한다. 도대체 누가, 어떤 근거로 모든 일이 잘될 거라 단언할 수 있는가? 침착함을 요구하는 이들의 차분한 목소리 뒤에는 어떤 특별한 능력이 있는 것일까? 그들은 과연 얼마나 많은 것을 알고 있기에 그런 말을 하는 것일까? 그들의 우월한 태도는 어디서 비롯된 것인가? 결국 상대방이 던진 "걱정하지 마세요"라는 말은 아무런 힘을 발휘하지 못한다. 오히려 이런 위로가 현 상황을 의도적으로 축소하려는 시도처럼 느껴져 불안감만 가중시킨다.

걱정하지 말라는 사람들은 사실상 무책임하다. 그들은 이 한마디로 검증할 수 없는 약속을 하고, 불확실한 미래를 단언하며, 오만한 도박을 하는 것이다. 온갖 수많은 어려움에도 불구하고 현실을 거스르며 '모든 일이 잘될 것'이라고 맹신하는 듯한 태도를 보인다.

진정한 영웅조차도 불안과 걱정을 느낀다. 세상에 확실한 것은 하나도 없기 때문이다. 그 때문에 전투의 결과를 전혀 알 수 없는 상황에서도 영웅은 그 불확실성을 받아들이고 전투에 참전한다. 그렇다면 안심하라고 말을 던지는 사람들은 정말 우리가 모르는 무언가를 알고 있는 것일까?

그들은 마치 자신들만이 상황을 정확히 파악하고 있다는 듯이 맹목적인 신뢰를 요구하는 것처럼 보인다.

"걱정하지 마세요."

이 말은 마치 감정의 혼란을 겪는 이를 향한 이성의 거만한 훈계처럼 들린다. 이는 걱정이 단순히 판단력 부족에서 비롯된다고 여기는 태도다. 걱정을 나약함의 표현으로 보고, 불안한 미래를 직시하는 대신 냉철한 이성으로 대처해야 한다고 주장한다. 이런 태도를 보이는 사람들은 지식을 근거로 한 확고한 침착함을 내세워 걱정하고 당황하는 이들과 대비된다. 마치 그들은 모든 것을 꿰뚫어 보고, 이해하며, 두려움을 완전히 극복한 것처럼 행동한다.

과연 인간이 두려움을 완전히 제거하고 영원한 평정을 유지하는 것이 가능할까? 그럼에도 그들은 마치 걱정이란 존재하지도 않는 괴물을 무서워하는 어린아이의 미성숙한 태도라도 되는 양 훈계하듯 말한다.

어떻게 살아야 할지 불현듯 고민에 사로잡혔다

"어린애처럼 굴지 마."

걱정에는 깊은 철학적 의미가 담겨 있다. 그것은 삶이 본질적으로 끊임없이 움직임의 연속이라는 진리를 함축한다. 삶이라는 여정에는 휴게소란 존재하지 않는다. 우리는 영원히 계속해서 앞으로 나아가야만 하는 운명이다. 앞날을 알지 못한 채 마치 눈먼 자처럼 걸어가야 한다. 지도 없이 그저 길만 따라 걷는 중이다. 산다는 것은 미리 정해진 결말이 없고 즉흥적 행동과 예측할 수 없는 변화로 가득 차 있다.

이러한 맥락에서 걱정은 오히려 긍정적 의미를 지닌다. 걱정이란 예기치 못한 상황을 예측하고 이를 극복하고자 하는 긴장된 마음의 표현이기 때문이다. 걱정하는 사람은 결코 겁에 질린 것이 아니다. 오히려 그는 가장 높은 돛대 위에서 누구보다 먼저 "육지다!"를 외치는 파수꾼처럼 예리한 시선으로 수평선을 응시하고 있는 것이다.

걱정은 비이성적인 감정의 동요가 아니라 현실을 예리하게 관찰하고 주의를 기울이는 의식적 행위다. 이러한 경계심은 우리로 하여금 필요할 때마다 방향을 전환하고 자신을 변화시킬 수 있게 한다. 걱정은 끊임없이 몰아치는 격랑과도 같은 세상에서 우리를 지키는 효과적인 방어기제인 것이다.

삶은 결코 직선으로 뻗은 길을 따라가지 않는다. 그것은 거센 파도 위를 항해하는 여정과도 같다. 이러한 관점에서 보면 걱정이란 출렁이는 배 위에서 균형을 잡으려는 자연스러운 몸짓이다. 이는 우리의 감각을 마비시키는 불안과도, 눈을 멀게 만드는 오만과도 다르다. 걱정은 두려움의 표현이 아닌, 민첩함의 발현이다.

걱정은 삶의 본질적인 불확실성에 대한 자연스러운 대응이다. 이는 마치 축구에서 골키퍼가 공의 예측할 수 없는 궤적에 대비하는 것과 같다. 골키퍼는 공이 어디서 날아올지 모르지만 모든 가능성을 염두에 두고 준비한다. 이처럼 걱정은 삶의 불확실성을 두려워하지 않고 대비하게 만드는 원동력이다.

골키퍼에게 있어 걱정은 필요한 재능이다. 골키퍼에게 "걱정하지 말라"고 말하는 것은 그의 집중하려는 노력을

어떻게 살아야 할지 불현듯 고민에 사로잡혔다

무시하는 것과 다름없다. 이처럼 적절한 걱정은 깨어 있는 자신감의 표현이며, 다가올 도전에 당당히 맞설 수 있게 하는 힘이다. 걱정은 현재의 더 나은 판단을 위해 미래를 예리하게 살피는 주의력인 것이다.

18세기 철학자 라이프니츠는 인간의 본질적 특성으로써 걱정의 자연스러움을 통찰했다. 이는 걱정이 우리의 생존과 성장에 필수적인 기제임을 시사한다.

"걱정이란 인간이라는 기계를 작동하게 만드는 작은 용수철들과 같은 충동이다."

다시 한번 골키퍼의 예시를 살펴보자. 골키퍼는 가만히 서서 공을 기다리지 않고 계속 가볍게 움직이며 상대 선수의 동작을 예의 주시한다. 이는 라이프니츠의 통찰과 일맥상통한다. 걱정이란 우리 내면의 리듬이자, 동력을 결집시키는 원동력이다.

걱정은 불안과는 다른 차원의 것으로, 오히려 의지에

가깝다. 또한 과도한 신경과민이 아닌, 세심한 주의를 기울이는 노력의 일환이다. 이러한 걱정은 결국 사람을 앞으로 나아가게 만드는 동력이 된다. 걱정 덕분에 우리는 실현 가능한 일들을 파악하며 상황을 면밀히 살피게 된다.

라이프니츠는 걱정을 '톡 쏘는 소금'이라 표현했다. 걱정은 새롭지 않지만 결코 한 자리에 머무르지 않기 때문이다. 걱정이 없다면 결단도 없다. 인간은 안주하기 위해 태어난 것이 아니다. 우리는 존재하는 한 걱정하고, 그렇기에 살아갈 수 있는 것이다.

"걱정하라!"

이는 마치 국경을 넘어 바다를 항해하는 모든 항해사들이 외치는 구호와 같다.

•
어떻게 살아야 할지 불현듯 고민에 사로잡혔다

모두 동의하시죠?

회의가 막바지에 이르렀다. 새로운 업무 체계와 수없이 언급된 프로세스가 좋다고 확신하는 사람은 아무도 없다. 모두가 침묵한다. 그때 의장 혹은 회장이나 직속 상사가 회의를 마무리하며 말한다.

"모두 동의하시죠?"

무엇에 대하여 동의가 이루어진 것인지, 동의하지 않으면 어떤 결과가 따르는지 알 수 없다. 대답을 기대하지 않는 형식적인 이 질문을 끝으로 모든 의견 교류는 완전히 종료된다.

"반대 의견 없으시죠?"

참석자들은 회의에서 내려진 결정에 확신이 없으면서도 이의를 제기할 용기를 내지 못한다. 그저 별일 없이 무사히 회의가 끝났다는 안도감만 느낄 뿐이다. 이제 각자의 자리로 돌아가 기존처럼 계속 업무를 이어가면 된다고 생각한다.

이런 회의는 아무런 효과가 없다. 권위적인 태도로 탁상을 내리친다고 해서 진정한 합의가 이뤄진 것은 아니기 때문이다. 합의는 마치 인간관계와 같아서 일방적인 지시만으로 구성원들의 마음을 얻을 수 없다. 동의를 구할 수는 있지만 동의하라고 강제한들 강요된 동의는 무의미하다.

진정한 합의는 자유를 전제로 해야 한다. 합의하기 전이나 합의하는 도중, 그리고 합의를 이룬 최종 순간까지 모든 참여자가 자유로운 상태여야 한다. 자유가 보장되지 않

어떻게 살아야 할지 불현듯 고민에 사로잡혔다

은 합의는 단순한 복종에 지나지 않는다. 회의가 자유롭게 진행될 때에만 논의가 활발하게 이뤄진다. 합의가 이루어진 이후 자유가 보장되지 않는다면 그 결과는 언제든 파기될 수 있다.

민주주의와 정치의 기본 원칙처럼 자유가 보장될 때에만 진정한 합의가 이루어진다. 강압적인 방식으로는 결코 진정한 동의를 이끌어 낼 수 없다. 합의란 불합의의 가능성이 전제될 때 비로소 성립하는 것이며, 이는 합의의 시작이 아닌 최종 결과물이다. 오직 폭압적 체제에서만 모든 이가 '동의'하게 되는데, 이는 불합의를 용납하지 않는 독재 정치와 다를 바 없다.

"동의하시죠."

이 말은 겉으로는 동의를 구하는 듯 보이지만, 실상은 모든 대립을 부정하고 의견 차이를 허울뿐인 만장일치로 봉합하려는 표현이다. 이는 결국 모든 구성원이 동일한 사고방식을 가져야 한다는 강요와 다름없다.

합의는 동조와 같은 뜻이 아니다. 동조는 필수적으로 요구되는 과정인 토론을 거치지 않기 때문이다. 또한 합의는 타협과도 구별된다. 타협하는 경우 모든 당사자들은 손해를 본다는 불쾌한 느낌을 받는다. 더욱이 합의는 자신의 멜로디에만 집중한 채 다른 소리와 음을 맞추지 않아 불안정한 느낌을 주는 불협화음도 아니다.

강자의 법칙으로는 진정한 합의를 이끌어 낼 수 없다. 각자의 견해가 다양하다는 것을 인정하면서도 타인의 주장을 진지하게 검토하지 않는다면 진정성 있는 합의는 불가능하다. 참된 합의를 이루기 위해서는 혼자 노래하는 솔리스트부터 음치에 이르기까지 모두가 한 목소리를 내어 합창해야 한다. 합의는 불합의라는 토양에서 탄생한다. 그렇기에 불협화음마저도, 미세한 음색의 변화까지도 포용할 수 있는 것이다.

합의의 핵심은 동의하지 않음을 당당히 표명하는 데서 시작된다. 누군가의 이견을 인정하고 수용할 때 비로소 다양한 관점이 선명하게 드러난다. '의견이 다른 것은 어쩔 수 없다'며 토론을 회피하는 상대주의적 태도는 지양해야

어떻게 살아야 할지 불현듯 고민에 사로잡혔다

한다.

생산적인 회의에서는 의견이 일치하지 않더라도 모든 참가자들이 자기중심적 사고에서 벗어난다. 오히려 대립의 과정을 통해 새로운 통찰과 결론을 도출해 낸다. 이과정에서 참가자들은 더 이상 전과 똑같이 생각하지 않는다. 상대방이 제시한 반대 의견을 약간 받아들였고, 반대하는 입장에 있는 이들 역시 우리가 가진 견해의 일부를 받아들이게 된다.

몽테뉴는 『수상록』에서 본성을 숨긴 채 겉모습만 포장한 태도를 이렇게 표현했다.

"악에 분칠하기."

합의란 단순히 자신의 고집을 내세우는 것이 아니다. 몽테뉴가 말했듯이 속마음을 숨긴 채 이루어지는 미온적인 타협은 위험하다. 충돌을 교묘하게 피하려다 보면 오히려 더 큰 갈등을 초래할 수 있기 때문이다.

관용이란 타인의 의견에 전적으로 동의하지 않아도 된다는 권리를 인정하는 태도다. 이를 위해서 관계에 대한 섬세한 감각을 기르는 것이 중요하다. 상대방이 주도권을 잡고 이야기해도 경청하며, 자신이 말할 기회를 잡기 위해 조급해하지 않고, 인내심을 갖고 상대의 이야기에 귀기울여야 한다.

현대 사회는 너무나 빠른 속도로 변해서 전반적으로 '가속화 시대'라 불린다. 이러한 빠른 속도가 현대인들의 진정한 관계 형성을 방해하는 것은 아닐까? 수많은 사람들을 연달아 만나더라도 그들과의 교류가 피상적인 수준에 그치고 만다. 진전을 위해 충돌을 회피하고 대화의 본질을 외면한다면 어떻게 될까? 무의미한 논의만 오가고, 토론 대신 소음만 가득한 갈등이 발생할 것이다. 건설적인 의견 교환이 활발히 이루어지는 생산적인 회의라면 이렇게 마무리하는 것은 어떨까?

"우리는 동의하지 않습니다. 우리의 생각은 다르지만, 그 차이야말로 가치 있는 것이 아닐까요?"

어떻게 살아야 할지 불현듯 고민에 사로잡혔다

몽테뉴
Michel de Montaigne
-
회의주의적 사색으로 인간의 본질을 탐구한
수필의 대가
-
1533년 - 1592년

미셸 드 몽테뉴는 자기 자신을 철학의 유일한 탐구 대상으로 삼았다. "나는 어떤 주제보다 나 자신을 연구한다. 이것이 나의 형이상학이자 물리학이다"라고 말했지만, 역설적으로 인간을 모든 피조물 중 가장 비천한 존재로 보았다. 그는 "감각은 기만적이고, 이성은 대개 광기에 불과하며, 인간은 관습과 지식에서 어떤 확실성도 찾을 수없다"고 주장했다. 의심을 가장 건전한 태도로 여긴 그는 "모른다"는 단정 대신 "내가 누구인가?"라는 질문을 끊임없이 던졌다.

위그노 전쟁 당시 가톨릭교도였던 그는 같은 신앙의 앙리 3세는 물론, 개신교도 앙리 4세와도 우호적 관계를 유지했다.

일하지 않으면 아무것도 얻을 수 없다

성경에 따르면 인간은 금단의 열매를 먹은 대가로 하나님의 벌을 받게 되었다. 이제 식물의 열매는 저절로 자라지 않게 되었고, 씨를 뿌리고 땅을 경작해야만 수확을 할 수 있게 되었다. 한마디로 이마에 땀이 흘러야만 그 결실을 맛볼 수 있게 된 것이다.

"일하지 않으면 아무것도 얻을 수 없다."

아담과 이브는 하나님이 계시지 않는 듯이, 아니 하나

어떻게 살아야 할지 불현듯 고민에 사로잡혔다

님이 중요하지 않은 듯이 명령을 어겼기에 하나님이 내린 형벌로 인간은 노동과 고통 속에서 살다가 죽음을 맞이하게 되었다.

> "너는 흙에서 나왔으니 흙으로 돌아갈 때까지 얼굴에 땀을 흘려야 양식을 먹으리라. 너는 먼지이니 먼지로 돌아가리라."

창세기 3장 19절에 나오는 내용이다. 참으로 분명하고 단호한 처분이다. 이제 인간은 일하지 않으면 아무것도 얻지 못하고, 노력하여 피로를 감내해야 한다. 무엇이든 노력해야 얻을 수 있고, 세상에 공짜는 하나도 없다. 이러한 관점으로 세상을 바라보면 어떨까?

행운이란 마치 사기와도 같다. 성공에 걸맞은 노력을 전혀 기울이지 않은 사람만이 바랄 법한 보상처럼 보이기 때문이다. 노력 없이 얻는 만족, 즉 모든 행운에는 불공평한 측면이 있다. 행운은 노력해서 얻은 결실이 아니기에 그로 인한 행복에는 언제나 일말의 부끄러움이 깃들어 있다.

행운은 의도적으로 얻어지는 것이 아니라 예기치 않게 찾아온다. 프랑스어의 '행운'을 뜻하는 '보뇌르(bonheur)'의 어원이 이를 잘 보여 준다. 이 단어는 '좋음'을 뜻하는 '봉(bon)'과 라틴어로 '전조'를 뜻하는 '아우구리움(augurium)'에서 파생된 '외르(heur)'의 결합으로, '좋은 징조', 즉 '축복'을 뜻한다.

행운은 만들어지는 것이 아닌, 주어지는 것이다. 우리는 억지로 행운을 쟁취할 수 없다. 행운은 선포되지 않으며 착실한 노력의 결과라기보다는 마치 복권 당첨처럼 우연히 찾아온다.

행운은 은총이나 사은품과도 같아서, 바쁘기 그지없는 일상 속에 고요하고 장엄하게 자리잡는다. 우리는 그 황홀한 순간을 불편한 얼굴로 외면하지 않고 온전히 만끽하는 법을 배울 수는 있다. 하지만 행운의 순간을 마치 쇠를 단련하듯 인위적으로 만들어 낼 수는 없다.

그렇기 때문에 행운은 우아하고 가벼운 것으로 우리 기억에 새겨진다. 마음은 날아갈 듯하고, 발걸음은 저절로 가벼워진다. 아무런 노력도 하지 않았는데 찾아온 행운이기에 그 순간은 더욱 선명히 기억에 남는다. 예상치 못한 순간에 소원이 이루어졌다는 놀라움, 그래서 우리는 이를 하늘이 내린 선물이라 부른다.

행운은 마치 훌륭한 고급 만찬과도 같다. 최고급 식기와 와인 잔, 고급스러운 식탁보, 귀한 손님까지 모든 것을 완벽히 준비해도 성공을 장담할 수 없다. 작은 요소 하나가 부족해도 전체의 분위기가 달라지기 마련이다. 마치 악보가 음악으로 승화되는 것처럼 보이지 않는 무언가가 전체를 완성한다.

축복과 행운은 가까운 사촌과도 같다. 이들은 회계 장부의 논리를 벗어나 있어 노력 없이도 우리에게 찾아온다. 아름다움 역시 마찬가지다. 바다가 비취처럼 아름답게 빛나는 데 인간이 기여한 바가 있는가? 여름밤이 영원한 향기를 품게 된 것이 우리의 공이던가? 명화가 지닌 신비로움에 우리가 보탠 것이 있는가? 모두 그렇지 않다. 이들은 모두 우리의 노력과 무관하게 존재하는 선물이다.

시몬 베유는 다음과 같이 말했다.

"아름다운 것은 어떤 선(善)도 담고 있지 않으며 오로지 자신의 모습 그대로를 우리에게 드러낼 뿐이다. …… 그것은 단지 자신의 존재를 내어 주고, 우리는 그 이상도 이하도 바라지 않는다."

인간은 아름다움의 창조에 아무것도 기여한 바가 없지만, 그 은혜로운 선물을 마음껏 누리고 있다. 우리의 노력 없이도 세상은 때때로 이처럼 우리의 마음을 충만하게 채워 준다. 이 놀라운 선물 앞에서 우리가 할 수 있는 말은 단 하나뿐이다.

"고마워요."

•
어떻게 살아야 할지 불현듯 고민에 사로잡혔다

만족하는 법이 없어

인생을 살다 보면 즐거운 순간들을 마주하기 마련이다. 하지만 어떤 이들은 그런 순간에도 미소 짓거나 감사를 표하는 대신 불평을 늘어 놓는다. 그들을 향해 이렇게 말하고 싶다.

"만족하는 법이 없어!"

끊임없이 실망하고 불만만 토로하며 살 수는 없다. 때로는 주어진 즐거움을 느끼고 현재 가진 것에 만족할 줄도 알아야 한다.

프랑스어의 어원을 살펴보면 흥미로운 점을 발견할수 있다. '만족함(être content)'이란 자신이 가진 것을 흡족하게 여기고 온전히 누린다는 의미다. 이는 마치 수학 공식과도 같다. 내용물(contenu)이 그릇(contenant)을 가득 채워 만족(content)이라는 상태가 되는 것, 즉 결핍을 채우는 과정이다.

배불리 먹은 후의 포만감처럼 더 이상 바랄 것이 없는충족된 상태가 있다. 그런 상황에서조차 뿌루퉁하게 불만족스러운 표정을 짓는다면 그것이야말로 만족을 모르는 태도가 아닐까? 이는 과연 합리적인 태도일까? 우리 마음속의 경제학자이자 관리자가 "적당한 선에서 만족하라"고 조언하면 사람들은 으레 반발한다.

"더 가질 수 있는데 왜 안 되냐?"

과연 넘치도록 많은 걸 가지고 있다는 느낌, 풍요로

어떻게 살아야 할지 불현듯 고민에 사로잡혔다

움과 과잉이 행복의 척도가 될 수 있을까? 적정선을 넘어서 더 많이 가졌다는 느낌과 만족감이 진정한 행복의 조건일까? 행복은 단순히 상황의 변화로 생기는 것이 아니라 우리의 기대감에서 비롯된다. 단순히 배불리 먹은 다음 느끼는 생리적 포만감으로는 행복의 본질을 설명할 수 없다. 행복할 때 느끼는 따스한 감정은 성취감이나 욕구 해소, 배부름과는 본질적으로 다른 차원의 것이다.

역설적이게도 인간은 행복한 상황에서조차 진정한 만족을 느끼지 못한다. 현재 자신이 가진 것에 감사하기보다는 끊임없이 부족함을 느낀다. 이는 단순히 '더 많이' 가지려는 욕심이 아닌 '끊임없이 더' 원하는 지속적 욕망의 상태다. 그렇다면 우리는 왜 이토록 만족감을 갈구하는 것일까? 이는 단순히 텅 빈 마음을 채우거나 결핍을 메우는 차원을 넘어선다. 마치 소비와 욕망, 쾌락과 행복처럼 겉보기에는 비슷해 보이지만 본질적으로는 전혀 다른 감정들을 혼동하는 것과 같다.

소비는 대상의 소멸을 전제로 한다. 초콜릿을 먹고 싶어 그것을 다 먹어 버리고, 로마 여행을 꿈꾸며 그곳을 다

녀오고, 누군가를 원해서 그를 소유했다고 믿는다. 이처럼 쾌락은 소비를 통해 실현되지만, 욕망은 희망 속에서 존재한다. 만족이 현재에 머무는 순간이라면 욕망은 끊임없이 미래를 향해 나아간다. 이는 우리가 영원한 만족을 얻지 못해서가 아니라 우리의 궁극적 목표가 만족이 아닌 지속적인 욕망의 가능성 자체에 있기 때문이다.

욕망의 본질적 특징은 바로 그 끝없음에 있다. 더욱이 욕망은 충족될수록 오히려 더 강해진다. 로마를 방문하면 할수록 그곳을 더 그리워하고, 사랑하는 사람을 향한 욕망이 깊어질수록 그 사람을 더 소유하고 싶어진다. 인간은 욕망을 끝장내기보다는 그 불꽃을 계속 살아있게 하려고 한다. 이것이 바로 욕망이 쾌락과 달리 시작점도, 종착점도 없는 이유다.

따라서 진정한 슬픔은 의지의 상실이 아닌 욕망의 소멸에서 온다. 마치 불이 꺼지거나 샘물이 말라 버리듯이 말이다.

영국의 철학자 홉스가 『리바이어던』에서 탁월하게 포

어떻게 살아야 할지 불현듯 고민에 사로잡혔다

착한 것이 바로 욕망의 영원한 운동성, 즉 끊임없이 움직이는 성질이다.

"삶은 오로지 움직임이며, 욕망 없이는 결코 앞으로 나아가지 못한다."

욕망은 하나의 대상에서 끝나는 것이 아니라 다음 대상으로 끊임없이 이어져 계속 욕망하리라는 확신이다. 첫 번째 대상을 획득하는 것은 단지 다음 욕망으로 가는 통로일 뿐이다.

홉스는 인간의 마음속에 죽음만이 종식시킬 수 있는 영원한 욕망이 존재한다고 보았다. 진정한 행복은 소유가 아닌 지속적인 욕망의 추구에서 비롯된다. 이를 무슨 질병이라고 생각해서는 안 된다. 삶이란 욕망을 좇는 질주이며, 이를 포기하는 순간이 곧 죽음이기 때문이다. 따라서 만족은 생명력의 소멸을 의미한다. 우리는 만족을 추구하기보다 살아있음 자체를 추구해야 한다. 욕망은 생명을 갈구하는 힘이며 끊임없이 전진한다.

만족하지 않고 끊임없이 움직이는 게 행복이다. 영국 록 밴드 롤링 스톤스의 노래 가사에도 있다.

"I can get no satisfaction(나는 만족할 수 없어)."

이는 만족하지 못한 사람이 내뱉는 불평이라기보다는 욕망의 불꽃을 꺼트리지 않으려는 사람의 선언이다. 죽음이 찾아올 때까지 결코 만족하지 않으며 살아가겠다는 의지의 표현이다.

어떻게 살아야 할지 불현듯 고민에 사로잡혔다

홉스
Thomas Hobbes
-
만인의 투쟁에서
국가 계약설을 주창한 학자
-
1588년 - 1679년

영국의 철학자 토머스 홉스는 데카르트와 같은 시대를 살며 그의 『제일철학에 관한 성찰』에 반론을 제기한 인물이다. 1651년 출간된 『리바이어던』에서 그는 인간을 욕망의 존재로 규정하고, 두려움이라는 감정을 통해 독자적인 정치 이론을 전개했다. 그의 핵심 주장은 인간이 두려움으로 인해 무제한의 권리를 포기하고 주권 국가의 법률에 복종한다는 것이다.

귀족 자제들의 '그랜드 투어' 교사로 활동한 그는 1642년부터 1651년까지 이어진 청교도 혁명과 찰스 1세의 처형을 목도했다. 후대 철학자 디드로는 홉스의 『인간 본성』을 '평생 읽고 논평해야 할 책'이라며 극찬했다.

다름이 아니라

현대 사회에는 첫 사회 생활을 하면서 강요받는 업무용 메일 작성법이 있다. 경영과 자기계발이 만나 탄생한 편리하고, 빠르고, 효율적인 언어들이 담겨 있다. 다음은 그렇게 만들어진 대표적인 표현 중 하나다.

(기다리지 않아도) "회신을 기다리겠습니다."
(감사하지 않아도) "감사합니다."

이 문구는 일반적으로 메일이나 메시지 끝부분에 등

어떻게 살아야 할지 불현듯 고민에 사로잡혔다

장한다. 마치 어딘가에 입력해 놓았다가 필요할 때에 간단한 키 입력으로 불러내어 쓰는 상용구같다. 혹은 메일이나 메시지 하단에 늘 들어가는 소속과 이름 앞에 미리 써 놓은 서명같다.

메시지 끝부분에 등장하는 것이 있으니 첫머리에도 어김없이 등장하는 것이 있다.

(궁금하지 않아도) "안녕하십니까?"
(꼭 안 써도 되지만) "오랜만에 (다시) 연락드립니다."

그리고는 메일 내용에 의무적으로 이런 표현도 꼭 들어간다.

(다름이 아니라) ~ 확인 차
(다름이 아니라) ~을 의논하려고
(다름이 아니라) ~을 제안하고자

이러한 상투적인 표현들은 놀랍게도 현실성이 전혀 없다. 이는 진솔한 생각을 나누는 진정한 소통과는 거리가 멀다. 이렇게 완곡하게 표현하는 이유는 무엇일까? 왜 직접적으로 의견이나 비판을 요청하지 않을까? 왜 자신의 기대를 명확히 표현하지 않는 걸까? 단지 상대방은 내가 반응하고, 의견을 내고, 보완하며, 승인이나 거부하기를 바란다.

이러한 언어는 청자의 감정을 고려한 부드러운 완곡어법과 갈등의 요소를 제거한 매끄러운 표현이다. 이러한 표현을 사용하는 이유는 논쟁의 소지가 있는 부분을 우회하기 위해서다. 항상 동일한 의미를 지닌 매끈한 언어로, 대립의 흔적을 지워버리기 위해서다. 대화는 단일한 의미만을 가지며, 개인들은 조화로운 한 목소리를 내도록 요구받는다. 그들은 비판이나 반대 없이, 즉 제안된 것에 대한 단순한 후속 조치만을 기다린다. 이는 마치 키보드의 백스페이스 키처럼 줄을 바꾸어도 결국 같은 맥락으로 돌아오는 것이다.

답변은 미리 조율되고 계획되어 있어 마치 재갈을 물린 듯하다. 이는 '일방향적'이어서 상대방의 반응을 쉽게 예

어떻게 살아야 할지 불현듯 고민에 사로잡혔다

측할 수 있다. 단순한 메아리처럼, 의견 교환은 마찰 없는 단조로운 합창이 되어 버린다. 이러한 방식으로 모든 저항과 반대의 여지는 사전에 차단된다.

생각하려는 시도조차 배제된다. 생각한다는 것은 성급한 신념과 뿌리 깊은 확신에 의문을 제기하는 행위이기 때문이다. 진정한 사유는 반대를 동반한다. 자신의 견해를 먼저 의심하고, 강요된 합의와 맹목적 신념 등 우리의 비판적 사고를 마비시키는 모든 것에 저항한다.

생각한다는 것은 연속이 아닌 단절이다. 아무리 사소해 보이는 견해라도 본질적으로 '파괴적' 힘을 지니며 '전복적'이다.

샤를 페기는 이를 다음과 같이 강조했다.

"나쁜 생각을 하는 것보다 더 나쁜 것이 있다. 바로 틀에 박힌 생각이다. 타락한 정신보다 더 나쁜 것이 있다. 그것은 바로 타성에 젖은 정신 상태다."

샤를 페기는 데카르트를 언급하며 단호하게 말했다. 데카르트주의자는 무엇보다 도전하는 사람이며, 사유 과정에서 대담함을 보여 준다.

샤를 페기의 말을 다시 인용하면 이것이 바로 위대한 철학자의 특징이다.

"모험했기에 위대하다. 위대하지 않은 철학자들은 소르본 대학의 화려한 인정만을 갈구한다."

위대한 철학자는 맹목적인 추종자를 원하지 않는다. 그들은 저항하는 정신과 자유로운 영혼으로 자신의 저작을 읽고 이해하기를 바란다.

어떻게 살아야 할지 불현듯 고민에 사로잡혔다

샤를 페기
Charles Péguy
-
진보와 전통의 조화를 꿈꾼 가톨릭 시인
-
1873년 - 1914년

1873년 시골 노동자 가정에서 태어난 샤를 페기는 파리 고등사범학교에서 앙리 베르그송의 가르침을 받으며 학문적 기반을 다졌다. 철학 교수 자격시험에는 실패했으나 종교와 정치를 아우르는 독창적 사상가로 성장했다. 공화주의자이자 열렬한 가톨릭 신자였던 그는 장 조레스와 함께 정치 활동을 펼쳤지만 평화주의와 과학주의, 물질만능주의에는 반대했다.

「두 번째 덕의 신비를 향한 문」과 같은 시를 통해 신앙을 표현했고, 『카예 드 라 캥젠』이라는 격주간지를 발행했다. 1914년 제1차 세계 대전에 참전한 그는 베르그송에 대한 헌사인 『데카르트와 데카르트주의 철학에 관한 공통 메모』를 미완으로 남기고 마른 전투에서 전사했다.

온전히 '나'이길

온전히 '내가 되는' 특별한 순간과 장소가 있다는 것은, 다른 때와 장소에서는 그렇지 않다는 의미이기도 하다. 우리는 진정한 자아와 함께 여러 가지 다른 모습도 지니고 있다. 이러한 관점에서 보면 자신의 진정한 모습을 자유롭게 드러내는 경우는 휴가, 연인과의 시간, 스포츠, 예술 활동 등 특별한 순간에 국한된다.

우리는 일상에서 다양한 역할을 맡아 연기하며 살아간다. 모든 사람이 이중생활을 하는 것은 아니지만 누구나 이중적인 모습을 지니고 있다. 연기하지 않고 자신을 있는

어떻게 살아야 할지 불현듯 고민에 사로잡혔다

그대로 드러내는 삶, 두려움을 극복하고 타인의 시선에서 벗어난 자유로운 상태, 이는 오랫동안 잃어버렸던 자아를 되찾는 것과 같다. 이렇게 되면 나를 억누르고 위장하게 만드는 도덕, 사회, 가족, 직업의 관습에서 해방된다.

"어릴 땐 참 순수했지."

이 말을 한 번쯤 해 보지 않은 사람이 있을까? 아이들은 언제나 자기 자신이고, 그 어떤 역할도 연기하지 않는다. 하지만 성장하면서 우리는 변하고 어떤 의미에서 '타락'한다. 어른이 되면 온전한 자신이 아닌 다른 누군가가 되기를 바란다. 가면을 쓰고 다른 사람을 연기하는 것은 괜찮다. 하지만 온전한 나를 받아들이지 못하고 자신이 아닌 누군가이기를 바라는 삶은 비극이다. 우리는 끊임없이 다른 누군가를 흉내내면서 그 사람의 성격과 지위를 가진 듯 행동한다.

라 로슈푸코는 『잠언과 성찰』에서 이렇게 말했다.

"우리는 자기도 모르게 자주 누군가를 모방하곤 한다. …… 어떤 사람은 자기의 고유하고 자연스러운 태도를 포기하고도 만족하지 못해서 자신이 열망하는 지위에 속한 사람이 보이는 태도를 미리부터 보인다. …… 얼마나 많은 부르주아 여자가 공작부인 행세를 하는지!"

우리는 끊임없이 타인의 시선을 의식하며 자신의 이미지를 꾸미고 살아간다. 때로는 실제 자신보다 상상 속의 이미지에 더 몰두하기도 한다.

철학자 파스칼은 『팡세』에서 그 사실을 지적했다.

"인간은 자신이란 존재에 온전히 만족하지 못한다. 다른 사람 상상 안에 살기를 바라며 이를 위해 남의 눈길을 끌려고 애쓴다. 상상으로 만들어 낸 존재를 아름답게 꾸미고 보존하려고 끊임없이 노력하면서도 진정한 자신은 소홀히 대한다."

어떻게 살아야 할지 불현듯 고민에 사로잡혔다

파스칼의 이 진단은 적나라하고 다소 과격해 보일 수 있지만, 분명한 것은 우리의 모습을 정확히 짚어 내고 있다는 점이다. 우리가 허황된 모습으로 지식인이나 진보적인 사람 혹은 억압에서 벗어난 사람을 연기하는 이유는 어쩌면 있는 그대로의 자신이 되고 싶지 않아서일지도 모른다. 공허하고 불완전한 자신의 본모습을 마주하는 것은 때로 최악의 고문일 수 있다. 숨기고 싶었던 자신의 진짜 모습을 여과 없이 마주하는 것만큼 가혹한 형벌이 또 있을까?

라 로슈푸코
François de La Rochefoucauld
-
인간의 이기심을 예리하게 관찰한
격언의 대가
-
1613년 - 1680년

프랑수아 드 라 로슈푸코는『잠언집』을 저술하기 전, 궁정을 드나들며 정치적 음모에 관여하는 생활을 했다. 그는 살롱의 명사로서 사블레 부인, 세비네 부인, 특히 라파예트 부인 등 루이 14세 궁정의 가장 뛰어난 여성들과 교류했는데, 그 영향으로 그의『잠언집』은 자기애가 빚어내는 온갖 술수와 비열함을 날카롭고 냉철하게 분석한다. 그는 자기애를 인간 행동의 유일한 동기로 보았으며, 미덕은 위장된 악덕이고 선함은 자신의 본질을 자각하지 못한 악함에 불과하다고 주장했다.

프랑스의 대표적인 계몽주의 작가이자 철학자인 라 로슈푸코는 우아함과 정확성이 조화를 이룬 프랑스적 취향을 확립하는 데 가장 큰 영향을 미친 인물이다.

내 입장이 돼 봐

다니던 직장을 잃었다. 문틈에 손이 끼는 바람에 손톱 하나가 빠졌다. 연인과 함께했던 행복했던 시절도 지나갔다. 이런 상황에서 자주 드는 생각이 있다.

"내 입장이 돼 봐!"

이 말은 성경에 나오는 가르침과 비슷하게 들린다.

"네 이웃을 자신처럼 사랑하라."

우리는 남들이 신경써서 나를 제대로 이해해 주길 바란다. 그리고 내 입장에 서 주길 요구한다. 솔직히 말해, 그렇게 생각하는 이유에는 자기 보호의 의도가 숨어 있다. 누군가가 나와 같은 상황이 되어 내 입장을 이해하면 그 사람은 더 이상 나에게 해를 끼치거나 나를 가혹하게 비판하지 않을 것이라 믿기 때문이다. 적대적이었던 사람이 내 편이 되고, 가까운 사이를 넘어 동맹이 된다고 생각한다.

하지만 비극은 우리가 결코 완전히 타인의 입장이 될 수 없다는 사실이다. 나는 온전히 그 사람이 될 수 없다. 더 나아가 타인의 눈으로 세상을 바라보는 행위는 서로의 고유한 차이를 부정하는 심각한 일이 될 수 있다. 이슬람 율법이 지배적인 국가에서 종교 지도자 칼리파를 흉내내는 것은 모독죄에 해당한다. 위층에 사는 금발 여성을 닮으려 노력하면 나만의 고유한 특징은 모두 사라지고 만다. 이는 자신이 아닌 다른 존재가 되려는 시도이기 때문이다.

도덕과 기독교적 사랑은 타인을 또 다른 자아, 이웃, 동등한 존재로 이해하며 그들의 입장을 바라본다. 이는 단순한 동일시를 넘어 공감과 연민을 느끼는 것이다. 우리는

어떻게 살아야 할지 불현듯 고민에 사로잡혔다

타인에게서 또 다른 나 자신을 발견하고 그들의 발자취를 따라야 한다. 하지만 문제는 아무리 노력해도 내가 아닌 다른 사람이 되어 그의 입장을 완벽히 이해하는 것은 불가능하다는 점이다.

우리가 따를 수 있는 유일한 지침은 "남이 내게 하지 않았으면 하는 행동을 남에게 하지 않는 것"뿐이다. 이것이 자신을 잃지 않으면서도 타인의 입장을 고려할 수 있는 유일한 방법이다.

가장 믿을 만한 친구도, 아무리 선한 사마리아인도, 그 누구도 결코 완전히 내 입장이 될 수 없다는 사실을 기억해야 한다. 나는 내 자리에서 내 모습 그대로 존재해야 할 운명이다.

Part 04

|

나이만 먹는다고
누구나
어른이 되는 건 아니다

"인간은 바다의 물 한 방울에 불과한 '나'라는 존재를 위해서 모두를
희생시키고 세상을 파멸시킬 태세를 갖췄다."

-쇼펜하우어-

카르페 디엠

"지금, 이 순간에 충실하라!"

고대 에피쿠로스파 학자들은 '카르페 디엠(Carpe Diem)'이라는 말로 삶의 철학을 표현했다. 삶의 본보기가 될 이 금언을 실천하려면 매 순간 가치를 부여하면서 현재를 살아야 한다. 순간을 영원처럼 바라보고 일상에서 위대함을 발견하는 삶, 그것이 '카르페 디엠'의 정신이다.

중요한 것은 얼마나 오래 사느냐가 아니라 얼마나 강렬하게 살아 내느냐에 달려 있다. 우리 삶을 이루는 매 순간, 그것이 아무리 짧고 평범해 보여도 충실하게 살아 내는 능력이 중요하다.

18세기 계몽 철학자 라이프니츠는 이를 정확히 이해했다.

"시간은 오로지 무수한 변화들로 인하여 위대해 보인다. 그렇기에 오래 사는 일은 우리의 능력 범위 안에 있다. 우리가 시간의 아주 미소한 부분을 예민하게 감지한다면 말이다."

진정한 '금언의 삶'이란 놀랍고 특별한 사건들로 이루어진 삶이 아니다. 그것은 어떤 공허함도 없이 충실하게 살아 낸 날들로 가득한 하루다. 하지만 매 순간을 온전히 만끽하기 위해서는 현실을 받아들이고 극복해야 할 것이 있다. 바로 모든 순간은 끝나기 마련이고, 그 순간에 얻을 수 있는 이익도 한정되어 있다는 사실이다. 이를 인정하면 현재를 태평하게 즐기기가 힘들어진다. 순간을 진정으로 즐기려면 역설적이게도 그 순간의 끝과 우리 삶의 종말을 분명히 인식해야 한다.

하루하루를 만끽하는 일은 단순한 즐거움이 아니다. 죽음을 날카롭게 인식하는 눈이 필요하다. 삶을 만끽하는 일은 살아가는 기술이라기보다 죽음을 받아들이는 기술에 가깝다.

하지만 동시에 현재에 푹 빠지기 위해서는 끝에 대한 생각을 잠시 내려놓아야 한다. 일요일에 다가올 월요일을 생각하면 휴일이 하루 남았어도 현재를 즐기지 못하고 우울하게 보낸다. 일요일은 월요일을 예고하며 예정된 괴로움을 내포하고 있다. 월요일이 올 거라는 우울한 생각을 하지 않고 일요일을 즐기고 순간의 기쁨만을 포착하는 일이 과연 가능할까?

삶의 본보기가 될 진정한 금언은 "매 순간을 만끽하라"가 아니다. "오늘이 마지막일 수 있다는 사실, 그리고 너 자신도 언젠가 죽을 것이라는 사실을 잊어라"이다. 매 순간 끝을 알리는 시계 소리를 의도적으로 무시하지 못하면 아침에 눈을 뜨는 것조차 괴롭다. 살아간다는 것은 죽음에 대

한 생각을 극복하는 일이다. 이를 가장 잘 표현하는 이들은
시인이다.

루이 아라공은『오렐리앵』에서 이렇게 표현했다.

"나날은 열매 안에 벌레를 지녔다. 그 벌레는 하루가 끝난
다는 확신, 존재의 짧음에 대한 강박, 돌이킬 수 없는 이
별의 맛까지 미리 알고 있다."

현재를 살아가기 위해서는 순간에 취해야 한다. 하지
만 현재에 온전히 집중하기란 거의 불가능하다. 삶을 온전
히 누릴 더 나은 미래를 기대하고, 삶을 음미했다고 믿는
과거를 회상하며 살아간다. 가끔은 아주 오래된 과거를 떠
올리기도 한다. 현재 순간에 취하지 못하고 행복과 거리가
먼 미래나 과거에 사로잡히곤 한다.

인간을 면밀히 탐구한 뛰어난 관찰자 파스칼은『팡
세』에서 이렇게 단언했다.

"우리는 결코 현재 순간에 머물지 못한다. …… 미래가 너무 늦게 온다고 예견하거나 과거를 되새긴다. …… 참으로 분별이 없어서 현재가 아닌 시간 속에서 헤매면서 우리에게 속한 유일한 시간은 조금도 생각하지 않는다. …… 평범한 현재 상황에 상처받기 때문이다. 현재가 괴롭기 때문에 우리는 보이지 않게 현재를 감추어 버리고, 때로 지금 순간이 기분 좋으면 그것이 손에서 벗어나 사라지게 됨을 안타까워한다."

행복은 언제나 내일 온다고 생각한다. 파스칼은 다시 한 번 강조했다.

"그렇기에 현재를 살아가지 않으면서 지금 행복하기를 희망하고, 행복할 마음의 준비만을 하고 있기에 절대로 행복해질 리 없다."

파스칼
Blaise Pascal

-

이성과 신앙을 조화시키며
실존적 진리를 추구한 천재

-

1623년 - 1662년

모든 철학이 쓸모없는 허위라고 단언했던 블레즈 파스칼은 역설적이게도 후대에 위대한 철학자로 평가받는다. 그는 "진리는 오직 그리스도교에만 존재하며, 예수 그리스도만이 신과 인간에 대한 참된 지식으로 이끌고 진정한 행복의 의미를 드러낸다"고 주장했다.

"우리가 처한 불행한 상황에서 우리를 위로하는 유일한 재료는 오락이지만, 그것이야말로 우리의 가장 큰 불행이다"라는 그의 말처럼, 그리스도교 밖에는 권태와 공허한 흥분만이 존재할 뿐이라고 강조했다.

너무 착해서 바보

우리는 착하고 친절하면 누군가 알아줄 거라고 순진하게 믿는다. 하지만 사람이 너무 도덕적이면 존중받지 못하고 더 나아가 남에게 속고 이용당하는 경우가 다반사다. '너무 착해서 바보'다. 친절하고 고결해서 자주 배신당한다면 그런 미덕이 무슨 가치가 있나?

이 문제로 소크라테스와 칼리클레스는 철학 역사상 손에 꼽힐 신랄한 대립을 벌였다. 관건은 이득이 없어도 도덕적으로 행동하는 것이 좋은가, 아니면 의무나 법에 개의치 않고 자유롭게 살아가냐는 문제였다.

소크라테스 입장은 단호해서 『고르기아스』에서 불의를 저지르느니 불의에 당하는 편이 낫다고 했다. 악한 자는 언제나 불행하지만 선한 자는 속임을 당하고 망신을 당하더라도 결코 마음이 고통스럽지 않다. 사람들은 보통 못되게 구는 행동이 더 똑똑하고, 친절한 태도가 우둔하다고 생각한다. 하지만 소크라테스는 불의를 저지르고도 벌받지 않는 자를 가장 중한 병에 걸리고도 치료받지 않으려는 사람이라 말했다.

따끔한 주사가 두려워서 어린아이처럼 맞기를 거부하는 이들은 일시적으로 만족감을 얻고 남을 조종하며 지배하는 쾌감을 느낄지 모른다. 하지만 얼마 지나지 않아서 그가 느끼는 우월감에는 슬픔이 따른다. 그 사람은 범죄를 저지르는 일에서 행복을 찾을 수 없다는 사실을 결국 깨닫는다.

이러한 소크라테스의 변론에 칼리클레스는 강하게 반발하며 철학을 탓했다. 소크라테스의 변론이 현실 감각을 잃은 철학의 반증이라며 반박했다.

나이만 먹는다고 누구나 어른이 되는 건 아니다

"쾌감과 열정에 대한 체험이 부족한 인간은 살아가는 방식이 무엇인지 전혀 모른다."

철학은 젊은이들에게는 매력적인 학문이지만, 나이 들어서까지 철학에 몰두하는 사람은 종종 현실 감각이 떨어지는 부적응자로 취급받곤 한다. 현실을 살다 보면 불의를 저지르는 것보다 불의를 당하는 것이 더 큰 고통일 수 있다. 불의의 피해자는 마치 모욕을 당하고도 자신을 지킬 힘이 없는 노예와 같은 처지에 놓이게 된다.

법이 불의를 처벌하는 것은 사실이다. 하지만 칼리클레스의 주장에 따르면, 이는 법이 정의롭기 때문이 아니라 약자들이 강자들로부터 자신을 보호하기 위해 법을 제정했기 때문이다. 비겁하고 나약한 자들은 법이라는 보호막을 세워 지배하려는 자들에 맞서 겨우 저항할 뿐이다. 무능한 사람들이 가장 참지 못하는 것은 불평등이다. 불평등한 상황에서는 자신보다 더 강하고, 용기 있으며, 지적인 사람들이 더 많은 것을 차지하리라는 것이 자명하기 때문이다.

"무능한 자는 자기보다 우월한 사람이 더 많이 갖는 일이 추하고 부당하며 불의라고 말한다. 나약한 자들은 자기가 그런 사람들보다 열등한 데도 그들과 동등한 척하기를 즐기기 때문이다."

칼리클레스는 법의 목적이 나약함을 미덕으로 여기고 강함이 악덕이라고 믿게 하는 거라 말한다. 사람이 착해서 바보가 아니라, 너무 바보라서 필연적으로 착하다는 논리다. 그의 논리에 따르면 무력하기에 착할 수밖에 없다.

나이만 먹는다고 누구나 어른이 되는 건 아니다

백지 투표

일부 사람들은 '선택하지 않을 권리'를 주장하며 백지 투표를 한다. 이는 마치 실탄 대신 공포탄을 쏘는 것처럼 결단을 회피하는 행위다. 하지만 이상적인 해결책이 없다는 이유로 계속 선택을 미룬다면 너무 많은 문제가 방치될 수밖에 없다. 모든 선택이 완벽할 수는 없다. 만약 특정 정당이 최선이라 확신한다면 단순히 투표하는 데 그치지 않고 그 정당에 가입하여 적극적으로 후원해야 할 것이다. 선택이란 완벽한 것을 고르는 것이 아니라 주어진 대안들 중 가장 나은 것을 고르는 행위다.

"왜 나는 지금 이 사람과 함께할까?"

이상형을 기다리다 보니 현실적인 선택을 한 것이다.

"왜 지금 회사에 다닐까?"

완벽한 회사를 찾지 못했거나 원하는 곳에 들어가지 못했기 때문이다.

깊은 고민이 필요한 문제에서 이상적인 해결책을 찾기는 쉽지 않다. 대안이 마음에 들지 않는다고 백지 투표를 하는 것은 선택의 본질이 무엇인지 이해하지 못하는 태도다.

백지 투표를 옹호하는 논리 대로라면 우리는 평생 실질적인 선택 없이 공포탄만 쏘아 대며 살아도 된다는 말이 된다. 하지만 인생을 살아가며 겪는 대부분 상황에서 완벽하게 만족스러운 선택지를 만나기는 어렵다. 모든 선택지가 항상 마음에 들기를 바라는 것은 로또 1등에 당첨되기를 기대하는 것만큼이나 비현실적이다.

급여는 좋지만 적성에 맞지 않는 직업을 선택할까, 아니면 급여는 적지만 진정 하고 싶은 일을 선택할까? 통장

잔고가 바닥났을 때 심심함을 견디며 집에 머물러 있을까, 아니면 비용이 들더라도 밖에서 즐거운 시간을 보낼까? 늘 꿈꿔 오던 한적한 도시에서 급여는 낮고 경력과 상관없는 일을 할까? 아니면 팍팍한 도시에서 경력에 맞는 높은 급여를 받되 야근에 시달릴까?

우리는 완벽한 대안이 없기에 차선책, 즉 가장 덜 나쁜 선택을 할 수밖에 없다. 따라서 백지 투표는 정치적 의사 표현이 아닌, 선택의 본질을 이해하지 못한 철학적 오류에 불과하다.

나는 데카르트주의자야

데카르트는 프랑스인들의 일상 대화에 빈번히 등장하는 철학자다. 프랑스의 '국민 천재'로 불린 그는 에펠탑, 노트르담 대성당, 샤를 드골 장군, 카망베르 치즈와 마찬가지로 프랑스 문화 유산의 한 부분이 되었다. 흔히들 '데카르트는 곧 프랑스'라고 말한다.

그런데 데카르트는 조국 프랑스보다 네덜란드에서 더 오래 살았다. 조국인 프랑스에 머무는 경우가 드물었다. 데카르트는 파리의 공기를 견디지 못하고 고역스러워했다. 그에게 파리란 철학보다는 광기가 넘치며, 우둔함이란

나이만 먹는다고 누구나 어른이 되는 건 아니다

병이 만연한 도시였다. 데카르트에게 프랑스는 결코 포근한 조국도, 아련한 추억이 깃든 고향도 아니었다.

"내가 가장 참을 수 없었던 것은 프랑스인들이 그 누구도 내 얼굴 외에는 아무 것도 알려 하지 않았다는 점이다. 그들이 나를 프랑스에 두려는 이유는 내가 프랑스에서 쓸모 있는 일을 하길 바라서가 아니다. 단지 나를 코끼리나 표범처럼 진귀한 구경거리로 여겼기 때문이다."

겉모습을 실제 존재보다 더 중요하게 생각하고 무익한 일에 열중하는 나라에서 어떤 철학자가 마음 편안히 지낼 수 있겠는가? 따라서 '데카르트는 곧 프랑스'라는 말은 적절치 않으며, 그를 단순히 편협한 합리주의자로 보는 것 역시 올바르지 않다.

한 가족이 모여 기분 좋게 식사하고 후식을 먹는 중이었다. 그때 갑자기 매부가 자신은 '데카르트주의자'라고 선언했다. 과학적으로 증명되지 않은 근거 없는 사항은 믿지 않는다는 뜻으로 한 말이었다. 매부의 심기를 건드릴 수는 있겠으나, 이는 데카르트주의보다는 오히려 과학만을 좇는 과학주의에 가까운 태도다. 흔히 데카르트주의자들이 과학적 논리만을 맹목적으로 추종한다고 오해하지만 실제로 그들은 열정적인 삶을 살았다. 도서관의 답답한 공기보다는 삶의 즐거움을 만끽하는 것을 선호했다.

데카르트는 열정을 억제해야 한다는 견해에 전혀 동의하지 않았다. 오히려 그는 이성의 통제 아래 있는 열정은 지나칠수록 더 유용하다고 보았다. 이는 흔히 데카르트주의자를 회의적이고 소심한 존재로 여기는 것과는 사뭇 다르다.

데카르트에게 이성은 단순히 수학, 물리학, 형이상학의 영역에만 국한되지 않았다. 오히려 이성은 자신의 법칙이 미치지 않는 열정, 편견, 삶 그 자체를 다룰 때 가장 강력한 힘을 발휘한다. 따라서 이성만을 절대시하는 태도는 잘못되었다. 철학적 사고와 숙고는 현실 도피가 아닌 현실 그 자체이며, 현실의 벽에 부딪힌 지식인이 지금 상황을 모면해 위험과 유혹을 피하려 만든 도피처가 아니다.

"당신은 내가 열정을 연구한 내용을 읽고 열정이 유용하지 않다고 결론 내렸습니다. 하지만 열정을 깊이 연구한 나의 견해는 다릅니다. 열정은 훌륭합니다. 살아가면서 어떤 일에 열렬한 애정을 가지고 몰두하면 삶의 질이 달라지기 때문입니다."

데카르트 철학의 근간인 '코기토(Cogito)'는 라틴어 'Cogito, ergo sum(나는 생각한다. 고로 나는 존재한다)'의 축약어로, '사유하는 나'를 의미한다. 그러나 인간은 순수한 정신인 코기토만이 아닌, 살과 뼈를 지닌 존재다. 정신의 명료함은 신체의 건강에 달려 있다. 가령 복통으로 고통받을 때 제대로 된 사고를 할 수 없는 것처럼 말이다. 이런 맥락에서 데카르트는 세상을 변화시킬 주체가 철학자가 아닌 의사라고 보았다. 다소 의외일 수 있으나, 데카르트 철학은 의학에 깊은 관심을 두었다.

그는 인간을 보편적으로 더 지혜롭고 명민하게 만드는 방법을 의학에서 찾아야 한다고 주장했다. 이 말을 접한 이들 중 일부는 연예 뉴스 대신 데카르트의 『제일철학에 관한 성찰』을 손에 들게 될지도 모른다.

　　따라서 진정한 데카르트주의자라면 연구소 실험대만큼이나 차갑고 매끈한 과학이나 추론에만 열심히 매달릴 것이 아니라 네덜란드를 사랑하고 깊은 열정을 품으며 의학에 희망을 걸어야 할 것이다.

나이만 먹는다고 누구나 어른이 되는 건 아니다

데카르트
René Descartes

방법론적 회의로 근대 철학을 연 이성주의의 시조

-

1596년 - 1650년

사람들은 흔히 르네 데카르트의 철학을 '코기토'(cogito. 데카르트가 『방법 서설』에서 서술한 '나는 생각한다. 그러므로 나는 존재한다(Cogito, ergo sum)'라는 라틴어 명제의 약칭)로 만 단순화하는 경향이 있다. 하지만 그의 철학에는 신에 대한 혁신적인 통찰이 깊이 담겨 있다. 데카르트의 이원 론은 흔히 정신과 신체를 완전히 분리하는 철학으로 이해 되어 왔다. 그러나 그의 철학은 이러한 분리와 더불어, 정 신과 신체의 긴밀한 결합을 함께 사고하고 실천할 것을 강조한다.

'근대 철학의 아버지'로 불리는 데카르트의 철학적 업적 은 오늘날까지도 상반된 해석들을 촉발하는 치열한 논쟁 의 장으로 남아 있다.

그건 내 선택이야

선택이란 자유 의지로 자신의 선호를 표현하는 행위이다.

"그건 내 선택이야."

이 말은 절대적 자율성을 내세우는 표현으로 이 말 한마디에 모든 논의는 차단된다. 이러한 자유 주장은 때로 법과 도덕, 사회 질서마저 무시하며 무제한적 행동의 정당성을 내세우기도 한다. 물론 결정은 전적으로 개인의 것이며, 개인의 고유한 특성을 반영하는 것은 맞다. 타인이 강요나

기만으로 내가 한 선택에 제약을 가할 수는 없다.

하지만 개인의 선택만을 절대시하면 '선택'이라는 개념은 진정한 자유가 아닌 단순한 변덕에 불과해 보인다. 자유를 내세운 결정이 우리 자신의 존재와 역사의 가장 깊숙한 곳에서 나오는 진지한 결단이 아니라 발을 동동 구르며 조르는 일시적이고 독단적인 욕구 표출로 전락하게 된다. 그러니 그 어떤 선택이든 '내 선택'이라는 이유만으로 모든 것이 허용될 수는 없다. 자신의 모든 선택을 무조건 긍정하는 태도는 비이성적이며 건전한 판단력이 결여된 것이다.

실체가 없는 이러한 자유는 단순히 자신의 존재를 과시하려는 욕구에 지나지 않는다. 이는 숙고된 행동이 아닌 유아적인 외침일 뿐이다. 이때의 '자유'는 관심을 끌려는 의도가 아니라면 무의미한 요구에 불과하다.

"이것은 내 선택이다"

이와 같은 주장은 "나를 봐달라"는 외침과 다르지 않

다. 이는 깊이 있는 사고의 결과가 아닌 나르시시즘의 표현이다. 이러한 행동은 자유와 일시적 욕구를 혼동하고, 진정한 자아 존중과 자기도취를 구분하지 못하는 미성숙한 태도다.

너한테 감정이 있어서 그러는 건 아니야

운이 좋다는 말은 때마침 시기가 맞아 잘 풀린다는 뜻 이다. 당장은 순탄한 사람이더라도 나쁜 때가 온다. 예를 들어 면접관이 당신은 이 직무를 맡기에는 나이가 너무 많 다고 하거나, 승진이 확실하다고 믿었던 자리에서 갑자기 회사 구조 조정으로 탈락했다고 한다. 상황이 안 좋다며 문 제를 하나하나 열거하다가 이렇게 덧붙인다.

"당신에게 사사로운 감정이 있어서 그러는 건 아닙 니다."

상황을 야기한 원인은 내가 아니라 특수한 경우 혹은 어떤 정황이다.

비난하는 건 아니라면서 어째서 상대방 생각은 안 해 주는 걸까? 어째서 일방적인 판단으로 당신을 신뢰하지 않을까? 감정이 있는 건 아니라지만 호감이 있었다면 다르지 않았을까?

예의상 하는 말에는 비겁함이 숨어 있다.

"너는 정말 아니야."

직설적으로 뜻을 표현하면 돌려 말하는 상황보다 상대방을 마주하기가 더 괴롭다. 고용하기 싫거나, 사랑하지 않는다는 걸 솔직히 말하기 싫어서 핑계를 댄다. 만약 누군가를 진정으로 원한다면 특수한 상황보다 그 사람이 우선시된다. 똑똑하고 능력 있는 당신을 위해서 나이 제한을 풀어 보겠다며 말이다.

나이만 먹는다고 누구나 어른이 되는 건 아니다

"아니, 정말 진심이야. 너한테 사사로운 감정이 있어서 그러는 건 아니야."

이렇게 단언하는 사람은 최선을 다해서 미움받는 일로부터 도망치는 중이다. 군주론을 쓴 작가 마키아벨리의 원칙을 완벽하게 체화한 사람이다. 핑계를 대는 비겁함이 지나친 솔직함보다 낫다는 자세다. 불편한 상황을 솔직하게 설명할 필요가 없고 부당함을 적나라하게 드러내지 않으며 에둘러서 분노와 울분, 원한을 피한다.

경험이 많아 신입으로 채용하기 곤란한 지원자를 거절할 때나, 퇴근 후 만남을 기대했던 연인의 분노를 살 때도 정면 돌파는 현명하지 않다. 차라리 불가피한 상황 때문이라고 이해시키는 편이 서로에게 덜 상처되는 길이다.

솔직하고 직설적인 표현은 몹시 부담스럽다. 상대방이 듣기에 괴로운 말을 하면서 적을 만드는 일인데, 심지어 노력까지 든다. 그러니 좋은 친구로 남으면서 온실 효과를, 빙하가 녹아내리는 환경 오염을, 저출산과 고령화를, 또는 달러가 오르며 벌어지는 인플레이션을 한탄하자.

사람은 겉모습만 보고는 몰라

인간은 자신의 나쁜 생각을 마음 깊숙이 숨긴다. 겉모습만으로는 이 숨겨진 비밀을 알아채기 어렵다. 사람들은 밑바닥에 가라앉은 나쁜 생각의 찌꺼기가 수면 위로 떠오르지 못하도록 온갖 노력을 기울이며, 나쁜 마음에 가식을 더해 본성을 숨긴다. 16~18세기 프랑스의 모럴리스트들, 라 로슈푸코, 라 브뤼예르, 파스칼 등은 인간성에 관한 성찰을 책으로 펴내며 인간성의 나쁜 본성을 폭로하는 데 주력했다.

나이만 먹는다고 누구나 어른이 되는 건 아니다

특히 파스칼은『팡세』에서 인간을 신랄하게 비판했다.

"어린 시절부터 이미 인간의 밑바닥에는 나쁜 마음이 숨어 있다. …… 악은 태어날 때부터 지니고 있는 근본적인 성질이다."

"인간의 마음은 텅 비고 쓰레기로 가득하다."

후대의 프로이트 역시『문명 속의 불만』이라는 저서에서 인간이 선천적으로 악함과 파괴, 잔인함으로 기우는 성향을 타고났다고 말했다. 그러니 살면서 자기 혐오가 생기는 것은 당연한 일이다. 파스칼은 한술 더 떠 자아가 가증스럽다고 표현했다. 자아는 모든 것의 중심이 되어 타인을 자신의 영광을 위한 노예로 만들려 하기에, 모든 인간은 본질적으로 폭군이라는 것이다.

또 다른 모럴리스트인 피에르 니콜은『도덕론』에서 이를 더욱 명확히 했다.

"독재적인 성향은 모든 인간의 마음속 깊숙이 새겨져 있다. 인간은 난폭하고, 불의하고, 잔인하고, 야심 차고, 아첨하고, 질투하고, 거만하며, 싸우기를 좋아한다. 가볍게 저지르는 일탈부터 모든 범죄까지 인간 안에 가증스러운 악을 야기하는 성향의 씨앗이 담겨 있다. …… 자기 자신만 사랑하고 …… 모든 것을 발아래 두려고 하며, 세상이 자신만 만족시키고 찬미하고 감탄하며 오로지 나에게만 몰두하기를 바란다."

인간의 나쁜 본성의 핵심에는 자신에 대한 맹목적 애정이 자리잡고 있다. 오늘날 이기주의라 부르는 과도한 자기애가 인간의 나쁜 본성을 구성하며, 모든 행동의 원동력이 된다.

모럴리스트 가운데 가장 후세대에 속하는 쇼펜하우어는 『의지와 표상으로서의 세계』에서 모든 존재가 가진 자기중심주의를 예리하게 지적했다.

"인간은 바다의 물 한 방울에 불과한 나라는 존재를 위해서 모두를 희생시키고, 세상을 파멸시킬 태세를 갖췄다."

함께 대화할 때 자신의 이야기만 늘어놓고, 모든 주제를 자기 관점에서만 해석하며, 남의 말을 가로채는 사람들, 내 문제는 대충 넘기는 기가 빨리는 일방적인 대화, 이런 경험이 단 한 번도 없는 사람만이 모럴리스트들의 통찰을 비난할 자격이 있다.

프로이트
Sigmund Freud
–
무의식을 발견하고
정신 분석을 창시한 심리학의 거장
–
1856년 - 1939년

정신 분석학의 창시자 지그문트 프로이트는 '무의식'이라는 용어를 만족스럽게 여기지 않아, 후에 '이드(id)'로 대체했다. 그는 무의식을 의식의 영역과 구별되는 '또 다른 무대'로 보았으며, 이는 억압 체험을 통해 포착된다고 설명했다. 그에 따르면 의식이 접근할 수 없는 정신적 요소들도 우리에게 영향을 미치며 다양한 증상을 일으킨다.

'충동', '오이디푸스 콤플렉스', '리비도' 등 프로이트가 창안하거나 사용한 용어들은 오늘날 일상적인 용어가 되었다. 이는 비교적 '젊은' 학문이 얼마나 큰 성공을 거두었는지를 보여 주는 증거다.

쇼펜하우어
Arthur Schopenhauer
-
의지와 고통의 철학으로
허무주의를 이끈 염세론자

1788년 - 1860년

아르투어 쇼펜하우어의 존재론은 일부에게 고통스러운 비관주의로 여겨질 수 있다. 그는 삶을 고통과 고뇌의 연속으로 보았으며, 모든 욕망은 필연적으로 좌절되고 모든 쾌락은 권태로 이어진다고 주장했다. 그에 따르면 과거는 이미 죽었고, 현재는 스쳐 지나가는 순간에 불과하며, 미래는 해독 불가능한 닫힌 책과 같다. 특히 사랑을 가장 헛되고 해로운 것으로 보았는데, 이는 우리의 의지에 반하여 불행한 생명을 재생산하려는 의지의 표현이기 때문이다. 불교도들처럼 그는 생명이 악이므로 차라리 시작되지 않는 것이 낫다고 결론지었다.

그의 철학은 플로베르, 니체, 프로이트, 프루스트, 도스토옙스키, 시오랑, 그리고 최근의 미셸 우엘베크에 이르기까지 큰 영향을 미쳤다.

Part 05

그럼에도 삶은
계속되고
심장은 여전히 뛴다

"우리는 유혹과 의지라는 상반된 두 편 사이에서 표류 중이다.
하지만 한쪽을 선택하기만 하면 그 길을 거침없이 달려갈 수 있는
힘을 지녔다."
-페늘롱-

여전히 아픈 나에게

슬픔을 완전히 없애는 방법은 무엇일까? 아무것도 없다. 단지 시간이 약일 뿐. 실상 고통은 우리의 의지가 아닌 시간의 흐름 때문에 희미해지고 약해지는 것이다.

쾌락주의자로 알려진 철학자 에피쿠로스는 불행의 본질을 역설적으로 꿰뚫어 본 통찰력 있는 위대한 철학자다. 그는 강렬한 고통도 영원히 지속되지 않으며, 시간이 흐르면서 고통은 약해지고 결국 견딜 만한 것이 된다고 말했다. 시간이 고통을 서서히 마비시키고 길들인다는 것이다.

하지만 우리가 겪는 경험은 그런 생각과 다르다. 시간

은 고통을 누그러뜨리기는커녕 오히려 지속시킨다. 이별의 아픔은 세월이 흐를수록 더욱 절절해진다. 사랑하는 이를 잃으면 삶의 매 순간 그 사람이 떠오른다. 더 이상 마주할 수 없고, 대화를 나눌 수 없으며, 온기를 나눌 수 없어도 기억은 선명하다.

시간이 흘러도 불현듯 떠오르는 추억들이 흘러넘친다. 하루하루 그 사람이 없다는 생각이 되살아나 부재를 실감하게 된다. 그 빈자리는 현재 진행형으로 남아 있다. 아니, 현재는 필연적으로 그 부재를 동반한다. 사랑했던 순간이 여전히 지속되어 끊임없이 이어지는 것처럼 그 고통 역시 우리 삶에 연결되어 있다. 사랑하는 이가 떠난 빈자리에……

물론 겉으로는 아무 일 없던 것처럼 살아간다. 하지만 일상의 모든 순간에는 메울 수 없는 빈자리가 있다. 그녀 없이, 그 없이, 그들 없이, 소중했던 작은 존재 없이. 이러한 상실감은 시간이 흘러도 지워지지 않고, 이제는 우리 삶의 한 부분이 되어 버린다.

타인의 위로는 오히려 고통을 더 깊게 만들 뿐이다.

우리가 느끼는 고통은 너무나 개인적이어서 그 어떤 보편적 규칙도 따르지 않는다. '시간이 약'이라는 말처럼 말이다.

우리가 느끼는 심오하고 개인적인 괴로움에 대해 니체는 거의 모든 사람이 타인의 고통에 완벽히 공감하지 못한다고 했다. 피상적이고 뻔한 동정의 말은 고통을 덜어 주기는커녕 오히려 고통의 의미를 퇴색시킨다. 니체는 『즐거운 학문』에서 고통을 다음과 같이 말했다.

"각자가 느끼는 고통은 평면적으로 해석된다. 동정 어린 애정은 타인의 고통이 지닌 특수성을 보지 못한다."

우리는 흔히 이런 상투적인 위로를 듣는다.

"시간이 지나면 나아질 거야."
"모든 일에는 다 이유가 있어."
"너만 그런 게 아니야, 다들 그래."
"세상이 끝난 건 아니잖아."
"넌 이겨 낼 수 있을 거야."

"더 좋은 일이 있으려고 그런 거야, 힘내!"

위로하는 사람들은 우리 슬픔의 고유성과 깊이, 그리고 되돌릴 수 없는 본질을 보지 못한다. 니체가 말했듯, 고통의 특수성과 심각성을 간과하는 '연민의 종교'(니체가 기독교를 일컬어 사용한 표현)는 "고통은 나쁜 것이며 일시적이어야 한다"고 보는 '안락의 종교'에 불과하다. 아마도 언젠가 종교인 중 누군가는 어느 날 여전히 아픈 나에게 "시간이 약"이라며 위로하겠지만, 그것이 진정한 위로가 될 수는 없을 것이다.

*
그럼에도 삶은 계속되고 심장은 여전히 뛴다

에피쿠로스
Epicurus
-
쾌락을 최고의 선으로 보되
절제된 삶을 가르친 행복론자
-
기원전 341년 - 기원전 270년

에피쿠로스는 일반적인 인식과 달리 무절제한 쾌락주의 자가 아니었다. 그의 철학은 오히려 절제와 자기 통제를 강조했으며, 욕망을 적절히 다스리는 삶을 추구했다. 그가 말한 쾌락은 기본적인 생존 욕구의 충족에 한정되었으며, 과도한 음주나 허영심, 사치스러운 생활은 물론 명예와 부와 같은 세속적 가치도 불필요한 것으로 보았다.

에피쿠로스의 철학적 목표는 헛된 욕망과 두려움, 고통에서 벗어나 도달하는 마음의 평온한 상태인 '아타락시아'였다. 그는 이러한 정신적 평정을 통해 진정한 행복에 이를 수 있다고 보았다.

그 사람 착해

그는 말수가 적고 경청하기를 좋아하는 사람이다. 저녁 모임과 같은 자리에서 특별히 눈에 띄는 타입은 아니다. 줄무늬 셔츠와 덥수룩하게 자란 수염 때문에 현자 같은 인상을 준다. 모임 내내 빈정거림 없이 잔잔한 미소만 머금고 있는 그 사람. 함께 있으면 약간 지루할 수도 있지만 마음이 가라앉고 차분해지는 게 마치 사람이라기보다 '타이레놀' 같다.

한마디로 그를 표현하면 이렇다.

"그 사람 착해."

하지만 이 말을 하고 나면 꼭 덧붙이고 싶어진다.

"그러니까 그 사람 정말로 착하다고."

그 말이 칭찬이었다고 덧붙인다.

사람들은 '못된 것'을 결점이라고 여기면서도, 그 반대인 '착함'을 장점으로 생각하지 않는다. 착함이란 그저 큰 결점이 없는, 완전히 좋지도 그렇다고 사실상 나쁘지도 않은 어떤 중간 지대쯤으로 여긴다. 그러다 보니 못된 사람이 착하게 굴면 감탄의 대상이 되고, 착한 사람이 늘 하던 대로 착하게 행동하면 도리어 무시당하기 쉽다.

착한 사람은 남의 비위나 맞추는 우유부단한 사람으로 치부되는 반면, 못된 사람은 주관이 뚜렷하다고 평가받는다. 착한 사람은 순진해서 속이기 쉽다고 여기고, 못된 사람은 생존에 능한 포식자로 본다. 착한 사람은 공격성이 없어 자신을 지키지 못하는 약자로, 못된 사람은 어떻게든 살아남는 강자로 인식된다. 피해자를 보면서도 사람들은 연민보다는 '당할 만했다'고 은연중에 표현한다.

하지만 관점을 바꿔 보자. 착한 사람이란 못되게 굴 수 있는 능력이 있으면서도 그러지 않기로 선택한 강한 사람이다. 이렇게 보면 착함은 더 이상 무력함이 아닌 '자기 통제력'으로 여겨진다. 반면에 못된 행동이야말로 걸핏하면 화를 내면서 감정과 유혹을 이기지 못하는 '나약함'으로 보인다.

인간 본성을 예리하게 관찰한 라 로슈푸코는 『잠언집』에서 이렇게 말했다.

"악독해질 힘이 없는 사람은 착하다고 칭찬받을 가치가 없다. 게으르거나 무력해서 착할 뿐이다."

단순히 악독해질 힘이 없어서 착한 사람은 그저 호구일 뿐이다. 진정으로 선한 사람은 못된 행동이 얼마나 쉽고 매혹적인지 알면서도 착하게 행동하기를 선택한 사람이다. 착함이 '나약함'이 아니라 '힘'이라는 사실을 이해하면 그런 사람을 진심으로 존경하게 된다.

모든 착한 사람의 줄무늬 셔츠 아래에는 숨겨진 면모가 있다. 그들의 마음속에는 열혈 영웅이, 상냥한 야수가, 진정한 맹수가 잠들어 있음을 기억하자. 그들은 미덕뿐만 아니라 단단한 마음까지 지닌 강인한 존재들이다.

실수하니까 인간이다

실수는 우리가 비정상이거나 열등하다는 징표가 아니다. 오히려 실수야말로 우리의 인간성을 입증하는 증거다. 실수를 인간의 본질로 이해하면 마음이 한결 가벼워진다.

"실수하니까 인간이다."

실수는 인간만의 고유한 특징이다. 실수를 저지른다고 해서 우스운 사람이 되는 것이 아니라, 오히려 그것이 우리의 인간다움을 확인하는 과정이다.

"나는 생각한다. 그러므로 존재한다."

데카르트의 명제를 바꿔 말하면 이렇다.

"나는 실수하므로 존재한다."

실수로 인한 실패는 부끄러운 것만이 아니다. 때로는 실수를 통해 인류에 길이 남을 발견이 이루어지기도 한다. 오직 신만이 실수하지 않는다.

실수는 인간이라면 누구나 가지는 근본적 특성이다. 그러므로 실수했다고 자책할 필요는 없다. 실수는 의도적 행위가 아닌 선천적 한계이며, 인간이라면 필연적으로 타고나는 약점이다. 날개 없는 인간이 날지 못한다고 터무니없이 비난하지 않듯, 인간이 완벽하지 않다고 비난하는 것은 오만한 일이다.

그렇다면 왜 우리는 무지하거나 실수를 저지르는 사람을 비난할까? 또 어째서 현명한 사람을 칭송할까? 만약 비난이 무의미하다면 칭찬은 어떤 가치가 있을까?

사실 인간의 진정한 미덕은 실수를 저지르는 것이 아닌, 실수를 피하는 능력에 있다. 성장하는 인간은 본성을 극복하고 변화시켜 본능을 초월한다. 완벽한 존재로 태어나는 사람은 없기에, 우리는 끊임없이 변화하며 스스로를 개선하고 바로잡는다. 우리는 항상 지금보다 더 나아질 수 있는 능력이 있으며, 오늘의 나보다 내일의 내가 더 나은 사람이 될 무한한 가능성을 지니고 있다.

장 자크 루소는 『인간 불평등 기원론』에서 본능에 의존하는 자연에서 변화하고 발전하는 문화로 나아가는 과정을 '개선 가능성'이라는 용어로 표현했다.

"인간과 동물을 구별하는 매우 특수한 특질이 있다. …… 이는 스스로를 완성하는 능력이다. …… 반면에 동물은 태어나서 몇 달을 성장하고 그 모습을 일평생 유지한다. 동물은 천년이 흘러도 처음에 가졌던 특질을 유지하고 처음 가졌던 모습 그대로를 지닌다."

그럼에도 삶은 계속되고 심장은 여전히 뛴다

우리는 인간이기에 실수를 건설적으로 해결할 수 있다. 실수를 고유한 특질로 인정하되, 거기서 멈추지 말고 진리를 추구하는 방향으로 발전해 나가야 한다. 그렇지만 안타깝게도 실수는 언제나 나의 책임이다. '어쩔 수 없는 실수였다'는 말은 사실상 포기를 의미한다. 자신의 잘못을 '실수 탓'이라며 책임을 회피하는 행위를 멈춰야 한다.

지성을 가진 존재로서 이성을 발휘하고 자신의 권리를 지키며, 실수를 피하고 무한한 가능성을 발판 삼아 성장하는 인간의 길을 걸어가자.

루소
Jean-Jacques Rousseau

자연으로 돌아가자를 외치며 근대 민주주의를 설계한 사상가

-

1712년 - 1778년

장 자크 루소는 독학으로 성장한 음악가이자 철학자, 작가로서 계몽주의를 비판하면서도 동시에 대표했다. 그는 "인간이 어떻게 사회적·정치적 의무를 따르면서도 자유로울 수 있는가?"라는 근대의 핵심 질문을 제기했다. 그는 공동의 의지를 자발적으로 받아들이는 '사회계약'을 통해서만 진정한 자유가 가능하다고 보았다.

인간은 자연 상태를 벗어나 사회적 존재가 됨으로써 문화와 도덕성을 얻지만, 동시에 욕망, 사치, 경쟁도 발생한다고 설명했다. 『에밀』에서는 '타고난 선한 본성'을 사회 속에서 보존하는 교육 모델을 제시하며, "에밀은 도시에서 살아갈 야만인"이라고 표현했다.

아무튼

호모 사피엔스는 도구를 사용하는 동시에 유행을 따르는 문명이다. 인간은 도구를 제작하듯 언어 표현을 만들어 사용한다. 입에서 입으로 전해지는 틀에 박힌 표현을 생각 없이 사용한다. 얼마 전까지만 해도 "염려하지 마"나 "오직 행복하기만 해"와 같은 표현이 유행했다면 요즘 프랑스에서는 "아무튼"이라는 말이 유행이다. 이는 단언하거나 질문하는 문장에 으레 들어간다. 논리적 연결이 느슨해도 마치 대화에 이모티콘을 넣듯 말이다.

"아무튼 오늘 회의가 너무 길었어."

"아무튼 너는 거기에 안 간다고?"

"아무튼 난 퇴근하고 술 마시러 갈 거야."

"아무튼 부장님이 또 기획안 수정하래."

"아무튼 이번 주말에 시간 돼?"

"아무튼 여기 케이크가 맛있대."

이러한 표현은 어째서 인터넷상의 '바이럴' 광고처럼 빠르게 널리 퍼지는 걸까? 인간은 사회적인 동물인 동시에 비사회적인 양면성을 지닌다. 우리는 타인과 함께 살아가며 부딪치지만 서로가 없이는 살아갈 수 없다. 인간은 다른 사람과 구별되고 싶으면서도 서로를 모방하려 하고, 혼자 있고 싶어 하면서 동시에 사회의 일원이 되고자 한다.

이것이 바로 사회성의 역설이다. 인간관계에 치이기 싫으면서도 동시에 인기 있는 사람이 되기를 갈망한다. 상투적 언어 표현은 사람에게 소속감을 제공하고, 유행어는 사회를 통합하는 데 유용하다. 모두가 사용하는 단어를 끼워 넣어 말을 함으로써 집단의 일원이 되고, 큰 노력을 들이지 않아도 함께하는 관계가 공고히 다져진다.

상투적인 언어 표현은 여기에서 그치지 않고 불안을 진정시키고 삶을 더욱 살아갈 만하게 만드는데, '아무튼'은 그런 측면에서 모범이 되는 사례로, 진정한 형이상학적 보석이라고 할 수 있다. 그렇다. 그것은 사물이 지닌 본질이나 존재의 근본 원리를 사유나 직관에 의하여 탐구하는 '형이상학'적 가치를 지닌다. 말하는 문장에 남들처럼 유행하는 표현을 대화 중간중간에 자연스레 끼워 넣음으로써 삶에 의미를 부여하는 것이다. 바로 이 점이 핵심이다.

아무튼 외에도 두 개 이상의 단순 명제를 조합해 복합 명제를 만드는 다양한 논리 접속사가 있다. 원인과 결과를 식별하여 우리가 말하는 긍정 명제에 질서를 부여하는 용어다. 그러한 용어로는 '그 결과로', '따라서', '그 바람에', '그러므로' 따위가 있다. '아무튼'은 이와 같은 부류의 용어에 속한다. 비록 엄밀한 논리성은 부족할지라도 일상의 소소한 사건들을 체계화하고 자연스럽게 엮어 준다. 이런 표현들을 대화에 적절히 끼워 넣음으로써 단편적인 사건과 행위가 하나의 이야기로 이어지고 의미 있는 담론으로 발전한다. 마치 잘 기름칠 된 기계처럼 모든 일이 규칙성을 띠며 순조롭게 흘러가는 듯한 느낌을 준다.

이는 우리의 삶을 매끄럽게 흐르는 이야기로 만들어 준다. 마치 정교한 톱니바퀴처럼 모든 사건이 자연스레 맞물리고, 명확한 작동 원리를 가진 기계처럼 내가 하는 일이 혼란스럽지도 즉흥적이지도 않다. 이것이 평범한 말 '아무튼'이 지닌 특별한 힘이다. 이 작은 말이 우리의 생각과 삶에 질서를 부여하고, 사소한 것들에도 의미를 더하며, 비논리적으로 보이는 순간들 사이에서도 논리적 연결 고리를 만들어 낸다.

하지만 실제 삶은 소설처럼 질서정연하지는 않다. 사건의 개연성이나 철학적 논리로 설명할 수 없는 일들이 끊임없이 일어나고, 미래는 언제나 불확실하다. 때로는 이미 일어난 일조차 그 이유를 이해하기 힘들다. 인간의 행동 역시 항상 깊은 숙고 끝에 내린 의식적 선택이 아니라, 가끔 우리는 왜 그러는지 모르면서 습관적으로 또는 기분에 따라서 행동한다.

우리의 삶은 예기치 못한 돌발적인 사건들로 가득하

다. 벌어지는 사건은 완벽하게 짜인 악보라기보다는 즉흥적 변주로 이루어진 재즈와 같다. 예상을 벗어난 놀라운 전개가 더 흔하지만, '아무튼'이라는 교묘한 표현은 이런 예측 불가능한 순간들 사이에서도 의미 있는 인과관계를 만들어 낸다.

이렇게 일상은 새로운 의미를 부여하며 모습을 바꾼다. 비록 모든 일이 미리 정해져 있지는 않더라도, '아무튼'을 통해 벌어진 사건들을 이치에 맞게 연결할 수 있다. 이는 마치 기원전 3세기 스토아학파의 철학자 크리시포스가 말한 것처럼 삶의 자연스러운 흐름을 찾아가는 과정이다.

"운명은 모든 일의 자연스러운 연속이다. 그것들은 항상 서로에서 파생되어 무한한 시간 속에서 언제나 변함없는 질서를 따라 이어진다."

결국 '아무튼'은 우리가 삶을 이해하고 받아들이는 방식, 즉 운명을 달리 표현한 것이라 할 수 있다.

나라고 어쩌겠어

누구나 살다 보면 어쩔 수 없는 상황에서 벌어지는 문제로 괴롭고 힘든 시련을 겪게 된다. 잘못된 행동인 줄 뻔히 알면서도 충동을 이기지 못해 행동으로 옮기곤 한다. 그럴 때면 우리는 충동에 무너진 자신을 보며 낯설고 강력한 무언가에 지배당했다고 느낀다.

어떻게 우리는 행동의 주체이면서 동시에 대상이 되고, 피해자이면서 가해자가 될 수 있을까? 이 내면의 전쟁에서 진정한 패배자는 과연 누굴까?

그럼에도 삶은 계속되고 심장은 여전히 뛴다

이 내적 전쟁에서 진정한 패배자는 바로 우리의 자유의지다. 우리는 종종 자신의 행동이 의지와 무관하게 일어나는 것에 당황한다. 유혹 앞에서 가장 위험한 태도는 '저항할 수 없다'고 스스로 단정짓는 것이다. 문제의 핵심은 초콜릿, 술, SNS 혹은 주변 사람들의 유혹이 강해서가 아니다. 오히려 이에 저항할 생각조차 하지 않는 우리의 무기력한 의지가 진짜 문제다.

우리가 무언가를 원하기 시작하는 순간부터 이미 지는 게임을 하고 있는 셈이다. 욕구에 빠지면 우리의 자유가 위태로워지고, 한 걸음만 더 나아가면 완전히 무너질 수도 있다. 그래서 우리는 스스로에게 물어봐야 한다.

"내 의지가 약한 걸까?
아니면 유혹이 너무 강한 걸까?"
나약한 의지와 유혹 사이의 싸움에서 어느 쪽이 우위를 차지할지 냉철하게 판단해야 한다.

이 지점에서 우리는 철학과 신학이 제기한 근본적인

문제에 직면하게 된다.

> "유혹을 이겨내고 자유 의지로 행동할 것인가? 아니면 강한 유혹 앞에 무력해질 것인가?"
> "유혹에 굴복하지 않고 저항하는 자유의 순간을 만끽할 것인가? 아니면 저항이 불가능하다고 체념하며 유혹에 끌려갈 것인가?"

예를 들어, 길에서 우연히 50유로짜리 지폐를 발견했다고 상상해 보자. 순간, 많은 생각이 들 것이다. 주인을 찾으려 할 수도 있고, 돈을 주워서 주머니에 넣는 상상을 할 수도 있다. 과연 우리가 유혹을 뿌리치고 주인을 찾을 확률은 얼마나 될까?

파스칼을 비롯한 얀센주의자들은 인간에게 진정한 자유 의지는 없다고 주장한다. 그들은 우리가 선택할 수 있다고 생각하는 것조차 착각일 뿐이라고 단언한다. 얀센주의자들의 견해로는 인간은 언제나 선과 악 중 하나의 노예일 뿐, 실제로는 선택의 여지가 없다는 것이다.

그럼에도 삶은 계속되고 심장은 여전히 뛴다

이러한 얀센주의 사상에 동조한 라신은 『페드르』에서 이보다 더 나아간 견해를 제시했다.

"사랑 앞에서 당신은 운명과 싸워 이길 방도가 없다. 그저 숙명적인 매혹에 끌려갈 뿐이다."

이미 패배감에 빠진 사람이 이길 방법은 없다. '어쩔 수 없었다'며 숙명을 받아들이는 것은 매력적으로 보일 수 있지만, 사실 비극적인 해답에 불과하다.

반면 얀센주의에 반대한 페늘롱은 이와 다른 견해를 제시했다. 그는 숙명 같은 것은 존재하지 않으며, 인간의 의지가 유혹만큼이나 강하다고 주장했다. 다시 말해, 의지와 유혹의 힘은 동등하다는 것이다.

1713년, 페늘롱은 이러한 자신의 생각을 오를레앙 공작에게 보낸 편지에서 명확히 밝혔다.

"우리는 유혹과 의지라는 반대되는 두 편 사이에서 보류 중이다. 한쪽을 선택한다면 거침없이 곧바로 달리는 힘을 지녔다."

우리는 그 어떤 것보다 강하다. 스스로 선택할 수 있는 힘을 지녔다. 그렇기에 유혹에 넘어갈 때 자책감을 느끼는 것이다.

페늘롱이 얀센주의자들보다 더 통찰력 있다고 여겨지는 이유는 그가 인간의 저항 능력과 자유를 인정했기 때문이다. 만일 우리에게 저항할 능력이 전혀 없다면 양심의 가책 또한 느끼지 않을 것이다.

유혹에 굴복할 온갖 이유를 대거나 신학, 파스칼, 얀센주의자들의 권위를 들어 변명할 수 있겠지만, 사실은 명확하다. 우리 안에는 유혹에 저항할 능력이 있다. 자유 의지를 꺾으려는 유혹에 굴하지 않도록 마음을 단단히 먹어야 한다.

그럼에도 삶은 계속되고 심장은 여전히 뛴다

코르넬리우스
Cornelius Jansen
-
엄격한 은총론으로
도덕적 순수성을 추구한 종교 개혁파
1585년 - 1638년

얀센주의는 벨기에 이프르의 주교 얀세니우스(코르넬리우스 얀센의 라틴어식 이름)가 아우구스티누스의 신학을 급진적으로 해석한 데서 비롯된 사상으로, 이들의 반대파가 붙인 이름이다. 얀센주의자들은 인간이 쾌락의 노예이며, 최대의 쾌락을 주는 것을 선택한다고 보았다. 그들은 신의 은총을 거룩한 쾌락으로 보았으며, 이는 어떤 실수도 없이 완벽하게 작용하여 인간의 의지로는 거부하거나 보탤 수 없다고 주장했다.

엄격주의를 특징으로 하는 얀센주의자들은 세속의 허영을 거부하고, 인간 본성의 타락을 강조하며, 신의 전능함을 찬미했다. 또한 교황과 국왕의 권위에 대한 개인의 독립성을 주장했는데, 이에 분노한 루이 14세는 라신, 아르노, 파스칼 등이 드나들던 포르루아얄 수도원을 파괴했다.

피에르 니콜
Pierre Nicole

-

얀센주의를 대변하며
도덕적 교육을 강조한 신학자

-

1625년 - 1695년

신학자이자 얀센주의자인 피에르 니콜은 철학자 파스칼의 친구였으며, 훗날 유명 작가가 된 라신을 포르루아얄 수도원에서 가르쳤다고 전해진다. 그는 앙투안 아르노와 함께 철학 논고『논리학』을 저술했고, 파스칼의『시골 친구에게 보내는 편지』(프로방시알) 집필을 도우며 얀센주의의 정당성을 주장하고 예수회를 비판했다.

망명 생활을 하던 그는 포르루아얄파와 공식적으로 결별한 후 파리 귀환을 허가받았고, 그곳에서 자신의 대표작『도덕론』을 완성했다.

페늘롱
François de Fénelon
–
신비주의적 사랑과
교육을 설파한 가톨릭 성직자
–
1651년-1715년

철학자이자 신비주의자, 정치 개혁가, 신학자였던 프랑수아 드 페늘롱은 오늘날 그의 가치가 제대로 알려지지 않은 인물이다. 그는 신을 향한 순수한 사랑, 즉 구원이나 행복, 천국과 같은 보상을 바라지 않는 무조건적 사랑이 가능하다고 주장했다. 그에 따르면 진정한 사랑이란 어떤 대가나 보답도 기대하지 않으며, 때로는 손해를 감수하면서도 사랑하는 것이었다.

그의 스승이자 친구인 보쉬에는 이러한 주장을 강하게 반대했고, 결국 페늘롱은 로마 가톨릭교회의 규탄을 받게 된다. 그러나 오늘날 우리가 이상적 사랑을 설명할 때 사용하는 '사심 없고, 대가 없으며, 관대하고 변치 않는 사랑'이라는 표현은 시대를 초월해 현재까지 페늘롱의 사상을 반영하고 있다.

생각의 길이를 더한 철학자: 페늘롱

바로 그게 인생이야

"바로 그게 인생이야."

아마도 가장 깊은 철학적 통찰이 담긴 말 중 하나일 것이다.

수 세기에 걸쳐 인류가 고민해 온 삶의 의미를 단 몇 개의 단어로 함축한다. 이 짧은 문장에 모든 것이 담겨 있다. 삶에는 어떤 법칙도 통하지 않는다. 그저 삶 그 자체일 뿐이다.

그럼에도 삶은 계속되고 심장은 여전히 뛴다

"바로 그게 인생이야"라는 말에는 일종의 체념하는 마음이 깃들어 있다. 상황이 이러하니 바뀔 리가 없다는 것이다. 삶은 마치 복권처럼 운이 작용하는 불공평한 게임이며, 매번 성공을 보장할 수 없는 도박과도 같다. 이러한 현실을 이해하지 못해 분노하고, 부당함을 외치며 현실을 받아들이지 않으려 해도 소용없다. 삶은 어떤 논리도 따르지 않기 때문이다. 그래서 우리가 할 수 있는 일도, 덧붙일 말도 없다. 이는 체념의 표현이자 삶이 부조리하다는 사실을 덤덤히 인정하는 말이다.

때로 경험은 노력의 결과물이 아니며, 어떤 일들은 특별한 이유 없이 일어나기도 한다. 상황에 따라 인간의 욕망을 채워 주기도, 짓밟기도 하는 것이 바로 삶이다. 삶은 오로지 자신의 방식대로 흘러간다.

터무니없는 일을 영어로는 'nonsense', 프랑스어로는 'non-sens'라고 한다. 지금 내 처지가 바로 그러하다. 기차는 제시간에 오지 않았고, 그는 다른 여자와 사랑에 빠졌다. 이 모든 일이 내 의지와는 상관없이 벌어졌지만 결국 내 삶에서 벌어진 일이다.

하지만 이는 인생이 본질적으로 비극적이거나 슬프다는 의미가 아니다. 삶은 어떠한 도덕적 법칙도 따르지 않는다. 선한 사람이든 악한 사람이든 삶은 모두에게 동등한 가치를 지닌다. 때로는 비열한 사람에게 행복이 찾아오고, 정직한 사람에게 불행이 닥치기도 한다. 삶이라는 재판정에서 윤리는 고려 대상이 되지 않는다. 삶은 그저 그러할 뿐이다.

이러한 현실을 있는 그대로 받아들이려면 얼마나 큰 용기가 필요할까! 이 말은 상황이 그렇다며 단순히 체념하고 포기하는 것과는 다르다. "바로 그게 인생이야"라고 말할 수 있다는 것은 어떤 상황에서도 굴하지 않고 용감하게 살아가며, 어떤 대가도 바라지 않은 채 삶 자체를 사랑할 수 있는 용기의 표현이다.

이런 순간에는 어떤 패배감이나 비통함에 빠지지 않으면서도 지나친 낙관으로 치우치지 않은채 담담히 말한다.

"좋습니다. 기꺼이 받아들이겠습니다.
네, 받아들입니다."

나는 현실을 있는 그대로 받아들이기 위해 마음을 다 잡는다. 기차는 예정보다 늦게 도착하고, 그 남자는 몰래 다른 여자를 만나며, 취업 시장은 막막하기 그지 없다. 그럼에도 삶은 계속되고, 심장은 여전히 뛴다.

삶을 살면서 삶 이상의 것을 기대하지 말자. 삶이 어떤 질서나 법칙을 따를 것이라는 헛된 희망을 버려라. 빠져나갈 도피처를 찾아 위안을 얻으려 하지 말아라. 우리가 삶을 살아가는 단 하나의 이유는 그것이 바로 '삶'이기 때문이다. 이와 같이 통찰력 깊은 메시지를 전한 이는 부조리의 철학자 카뮈다. 그는 인간과 세상의 괴리를 이야기한 철학자로서 인간은 열망하고 이해하며 성취하기를 바라지만, 세상은 그저 무심할 뿐이라고 말했다.

카뮈에 앞서 파스칼도 비슷한 통찰을 남겼다.

"저 무한한 공간의 영원한 침묵이 나를 겁에 질리게 만든다."

세상은 내 말에 응답하지 않고, 어떤 신호도 보내지 않는다. 나는 알 수 없는 그리고 나를 알지 못하는 무한한 우주 속에 내던져졌다. 이렇게 우주 한 켠에 홀로 남겨진 채 누가 나를 여기에 두었는지, 무엇을 해야 하는지도 알지 못한다. 왜 하필 다른 곳이 아닌 이곳이어야 했는지 그 답을 찾을 순 없다. 하지만 삶이란 바로 그런 것이다.

카뮈는 『시지프 신화』에서 "세상은 원래 낯선 곳"이라고 말하며 이렇게 덧붙였다.

"인간의 마음속 가장 깊은 곳에서는 명료함을 추구하는 갈망이 숨쉰다."

삶의 부조리 앞에서 세상은 침묵하고, 그래서 우리는 이를 이해하기 힘들다. 그럼에도 행복을 향한 길은 열려 있다. 삶은 어떤 논리도 따르지 않지만 그저 살아간다는 것만으로도 인간의 마음은 충만해질 수 있다.

그럼에도 삶은 계속되고 심장은 여전히 뛴다

카뮈
Albert Camus
-
**부조리한 삶의 반항을 말한
실존주의자**
-
1913년 - 1960년

1913년 알제리의 몽도비(현 드레앙)에서 태어난 알베르 카
뮈는 작가이자 철학자로서 소설, 희곡, 단편 소설, 에세이
를 통해 인간 조건의 부조리함과 그에 대한 적극적 저항
을 탐구했다.

1942년 소설 『이방인』으로 명성을 얻은 그는 제2차 세계
대전 중 독일 점령군에 맞선 레지스탕스 운동에 참여했으
며, 전후 프랑스 사회 재건에도 힘을 보탰다. 1957년 노벨
문학상 수상 연설에서 그는 "모든 세대는 세상을 새롭게
만드는 일에 헌신한다고 믿지만, 우리 세대는 세상이 해
체되는 것을 막는 것이 유일한 과업임을 안다"고 말했다.
카뮈는 1960년 1월 4일 자동차 사고로 생을 마감했다.

Part 06

철학이 없기에
삶이
흔들리는 것이다

"왜 그를 사랑하냐고 집요하게 묻는다면,
그가 그였고 내가 나여서 사랑한다."

－몽테뉴－

염려하지 마

|

"염려하지 마!"

이 말은 초등학교 선생님의 몸에 밴 상냥함과 호텔 프론트 직원의 나긋나긋한 미소를 떠올리게 한다. 이 짧은 문구에는 모든 고통을 치유할 수 있는 마법과 기적의 힘이 담긴 듯하다. 누구나 쉽게 던질 수 있는 말이지만 이 말 한마디면 그 어떤 어려움도 이겨 낼 수 있을 것 같은 착각에 빠지곤 한다. 작은 걱정거리만 생겨도 "염려하지 마!"라고 주문을 외우며, 모든 문제가 싹 해결되고 근심에서 완전히 벗어나 밝은 미래가 펼쳐지기를 기대한다. 그렇게 우리는 이 강력해 보이는 말을 무심코 자주 사용한다.

슈바르츠발트 숲의 사색가 하이데거가 말하는 '염려'의 본질적 의미를 살펴보면, 이는 단순히 문제가 우리에게 미치는 영향이나 그 문제가 야기하는 걱정에 그치지 않는다. 더 나아가 그것은 불안을 의미한다. 일상에서 평범하게 느끼는 불안을 넘어 자기 삶의 무의미함에 직면했을 때 느끼는 불안을 뜻하는 것이다.

이러한 불안은 간단히 해결될 수 있는 문제가 아니다. 따라서 불안에 직면했을 때 우리는 가볍게 "염려하지 마!"라고 외치기보다는 겸허하게 "문제 없어"라고 속삭여야 한다.

염려는 사실상 마음과 정신 상태다.

"내 삶의 의미는 무엇일까?"

"이 세상에서 나는 무엇을 하고 있는 걸까?"

"이 모든 것이 어떤 의미가 있을까?"

반면, 문제는 구체적인 사실에 관한 것이다.

"워드 파일을 깜박하고 저장하지 않았어."

"기차를 놓쳤어."

우리는 워드 파일이나 기차와 같은 특정 대상에 대해 문제를 겪지만 염려에는 특정한 대상이 없다. 오히려 우리의 존재 자체가 염려를 불러일으킨다. 걱정의 원인은 특정한 무엇이 아니라 나 자신이며, 우리가 존재한다는 사실 자체가 걱정의 근원이다.

하이데거는 『형이상학이란 무엇인가』에서 염려가 인간이 처한 근본적인 조건에서 비롯된다고 말한다. 모든 것이 끝날 운명이고, 따라서 그 무엇도 본질적으로 의미가 없다는 불안에 가득찬 의문에서 염려가 생긴다고 말한다. 삶은 부조리하다. 삶의 궁극적인 결말은 '무(無)', 아니 더 나아가 죽음이라는 거대한 '무(無)'이기 때문이다. 결국 불안의 중심에는 '무(無)'가 자리잡고 있다.

"무(無)가 우리에게 드러난다."

변색된 위스키, 수도관 누수, 잃어버린 열쇠 등은 분명 문제다. 그렇다고 이런 일들이 우울한 상태에 빠져 허우적거리게 하거나, 모든 것이 덧없다는 생각을 하게 하거나, 나아가 우리가 결국 죽을 운명이라는 끔찍한 생각으로까지 발전하지는 않는다.

단지 문제에 불과한 일을 염려할 필요가 없으며, 모든 일이 염려할 가치를 지니지는 않는다. 그저 문제가 있을 뿐인데 아무렇게나 "염려하지 마!"라고 말하면 우선순위가 뒤섞인다. '염려'라는 이름을 붙일 진정한 염려의 대상은 우리의 삶이 유한하다는 사실이다. 이 사실을 알면서도 계속 살아가야 하는 상황에 대한 명쾌한 해결책은 없다. 그러니 그보다는 천국의 개념이나 현실 도피, 우울증 약물 혹은 싱글 몰트 위스키가 필요할 뿐이다.

철학이 없기에 삶이 흔들리는 것이다

하이데거
Martin Heidegger
-
존재의 의미를 탐구하며
현대 철학의 지평을 연 사상가
-
1889년 - 1976년

실존주의 철학의 대표자 마르틴 하이데거는 "존재함이란 무엇인가?"라는 근본적 질문을 평생 탐구한 철학자였다. 그의 대표작 『존재와 시간』에서는 존재함을 시간과 연관 지어 설명하며, 인간과 존재의 특수한 관계를 기술, 언어, 예술, 시, 신학, 불안 등 다양한 현상을 통해 분석했다.

숲을 사랑했던 그는 1933년 나치 정권을 지지하는 담화를 몇 차례 하면서 어떤 비판도 표현하지 않았다.

세상에 당연한 존재란 없다

일곱 살짜리 아이와 철학자는 공통점이 있다. 둘 다 매사에 묻는다.

"왜?"

철학은 이런 근본적인 질문에서 시작한다.
"없거나 존재하지 않는 무(無)인가?
실제로 있는 존재인가?"
존재와 무.

이는 양극단을 가르는 중대한 차이다. 이 사이에는 나와 세상 그리고 타인이 있다. 세상에 당연한 존재란 없다. 존재는 필연적이지 않다. 나는 부모님의 인연이 없었다면 태어나지 못했고, 부모님이 결혼했더라도 아이를 갖지 않기로 했다면 존재하지 않았을 것이다. 나를 포함한 모든 존재가 반드시 있어야 할 이유는 없다. 지금 여기에 내가 존재하지만 정당한 이유를 찾기란 불가능하다. 우리는 지시받고 태어난 존재가 아니기 때문이다.

우리는 우발적이고 우연히 생겨난 존재다. 결정되지 않은 상태로 모든 가능성이 열려 있다. 하이데거나 사르트르 같은 일부 철학자들은 이러한 불확정성을 무(無)와 동일시했다. 불확정성이 인간의 존재를 결정한다면 존재는 곧 '무(無)'다.

인간은 사물이나 동물과는 다르다. 삶의 방향이 미리 정해져 있지 않고, 우리가 원하는 형태를 자유롭게 선택할 수 있다. 이성적인 동물, 정치적인 동물, 사고하는 존재, 신의 창조물 등 모든 가능성이 열려 있다. 사르트르는 이런 상황을 두고 우리가 '자유로워야 한다는 형벌'에 처한 존재라며 한탄했다. 우리는 결코 하나의 정체성이나 결정된 삶에 편안하게 머물지 못하기 때문이다.

어떤 새로운 존재가 되고 싶다면 현재 자신의 존재를 과감히 포기해야 한다. 사르트르가 즐겨 사용한 파리 지식인들 특유의 용어를 빌리자면, '무화(無化, néantiser)'하는 과정이다.

사르트르는 『존재와 무』에서 이렇게 말한다.

"인간이 실존한다는 것은 자신의 지향성을 선택했다는 뜻이다. 우리가 존재하는 현실은 외부에서 이리저리 휘두르지 못한다. 현실의 아주 작은 부분까지도 우리가 직접 만든다. 견디기 힘들더라도 필연적으로 책임이 따른다. 자유는 무한한 방향으로 뻗어나간다. 즉, 자유는 존재의 무의미함이다."

우리는 단순히 존재 자체로 만족하지 않고, 나 자신을 스스로 만들고 창조한다. 타인이 우리를 어떻게 정의하든 그것은 무의미하다.

'오만하고 지적인 갈색 머리 여자'
'융통성 없는 회계사'
'순진한 모태 솔로'
'꽉 막힌 상사'

타인이 우리를 어떻게 규정하든 우리의 본질을 정당화하지는 못한다. 인간이라는 존재는 확정하고 결정할 수 없으며, 언제든지 다른 사람이 될 자유를 지니고 있다.

사르트르는 인간이 고정된 정체성으로 평생 하나의 모습으로 살아간다는 믿음을 기만이라 여겼다. 자유를 거부하면 우리는 자신이 유지하고 싶은 인격을 스스로에게 부여한다.

'재미있는 사람'
'사랑에 빠진 사람'
'비관적인 사람'

'해맑은 인싸'

'생각이 깊은 아웃사이더'

이와 같은 특질 중 하나를 골라잡아 그런 특질이 자신에게 있다고 정의 내린다. 특정한 누군가라는 틀을 벗어나 완전한 자유에 직면하기보다는 특정한 누군가라는 틀에서 이런저런 역할을 떠안는다.

'지적인 사람'

'섹시한 사람'

'내성적인 사람'

이와 같은 역할을 연기한다. 예를 들어 선생님은 자기 존재가 선생님이라고 믿고, 카페 아르바이트생은 자기 존재가 카페 아르바이트생이라고 믿는다.

"민첩하고 기운차게 행동하고, 친절한 미소와 억지로 짜낸 밝은 목소리를 내며 누군가를 흉내낸다. 모든 행동이 연기처럼 보인다. 그는 연기를 즐긴다. 무슨 연기를 하는 것일까? 그건 오래 지켜보지 않아도 보인다. 그는 카페 아르바이트생 연기를 하고 있다."

존재는 항상 변화한다. 그래서 필연적으로 고정되어 있지 않다. 사물만이 다르다. 사물은 그 존재 그대로 영원히 남는다. 카페 아르바이트생이 테이블에 내려놓은 커피가 자기 존재를 스스로 '무화(無化)'해서 코코아로 바뀔 수는 없다. 반면 아르바이트생은 군인이나 교수, 회사원, 변호사, 공무원이 될 가능성을 지니고 있다.

자신을 특정한 누군가라고 상상하여 간주하는 일은 자기 자신에게 거짓말을 하는 행위다. 사르트르가 말했듯이, 그것은 우리 존재의 본질인 '무(無)'를 거부하는 일이다.

사르트르
Jean-Paul Sartre
-
실존은 본질에 앞선다고 주장한
실존주의의 대표자
-
1905년 - 1980년

장 폴 사르트르는 스탕달과 스피노자를 자신의 본보기로 삼았다. 철학서와 함께 『구토』, 『말』 같은 소설과 『닫힌 방』, 『악마와 선한 신』 같은 희곡을 저술했으며, 공산당을 지지하는 정치 운동가로도 활동했다. 그는 후설과 하이데거의 철학을 프랑스, 특히 생제르맹데프레 지역의 지식인들에게 소개했다.

『존재와 무』에서 그는 모든 존재의 우연성을 강조하며, 인간은 사물과 달리 현재의 자신과 완전히 일치하지 않아 언제든 다른 존재가 될 수 있다고 보았다. 따라서 인간의 본질적 존재 방식을 가장 잘 표현하는 것은 '자유'이자, 그 자유에 직면할 때 느끼는 현기증인 '불안'이라고 주장했다.

그는 그였고, 나는 나여서

몽테뉴는 진정한 사랑의 원칙을 단 하나로 보았다.

"왜 그를 사랑하냐고 집요하게 묻는다면, 그는 그였고 나
는 나여서 사랑한다."

누군가를 진정으로 사랑한다는 것은 그 사람이 무언
가를 가져다주기 때문이 아니다. 기쁨, 행복, 나를 향한 지
지 때문이 아니라 그 사람의 존재 자체에 애착을 갖는 것이
다. 다른 모든 형태의 애정은 위장된 이기주의다.

과연 이러한 사랑은 가능할까?

아니면 단지 이상에 불과할까?

우리는 대개 특정한 이유, 예를 들면 아름다움, 선한 마음, 지성, 능력, 자산, 외모, 목소리 때문에 누군가를 사랑한다. 타인의 존재 자체가 아니라 상대방의 특질에 이끌린다. 가장 진실하고 벌거벗은 존재 자체를 사랑하는 일은 거의 불가능해 보인다. 이런저런 장점과 몇몇 단점 때문에 누군가를 좋아한다고 말하는 정도로 만족한다.

그래서 파스칼도 몽테뉴와 비슷한 생각을 하며 『팡세』에서 스스로에게 이렇게 물었다.

"누군가를 아름다워서 사랑하는 사람은 상대방을 사랑하는 것일까? 아니다. 천연두는 사람을 죽이지 않으면서 아름다움은 죽인다. 그러면 사랑이 사라진다. 또 누군가가 나를 판단력과 기억력을 보고 사랑한다면 진정으로 나를 사랑하는 것일까? 나는 그대로지만 자질은 사라지기도

한다."

누군가가 나를 사랑한다고 말하지만 그것은 온전한 내가 아니다. 그들이 사랑하는 것은 나의 겉모습일 뿐이고, 나는 그 외에도 무한한 특질을 지녔다. 그런데 이 무한한 특질들은 아무리 강한 사랑이나 허물없는 우정으로도 온전히 파악하기는 어려울 듯싶다.

그래서 파스칼은 『팡세』에서 이렇게 결론짓는다.

"우리는 사람을 사랑하는 게 아니다. 단지 이런저런 자질만을 사랑하지."

흔히 사랑이 맹목적이라고 말하지만, 역설적으로 사랑이라는 감정 뒤에 감춰진 진정한 존재는 보지 못한다. 사랑이라 해놓고는 상대방의 겉모습인 아름다움, 지성, 능력 등 마음에 드는 부분만 원한다.

역설적이게도, 사랑하는 마음이 사라져야 상대방을

있는 그대로 본다. 화장이 지워지고 콩깍지가 벗겨지는 순간, 상대방의 일부 모습에 정신과 욕망이 지배당하지 않은 상태라야만 꾸밈없는 상대의 본모습을 보게 된다. 하지만 대체로 그때는 이미 늦었다. 더 이상 사랑하지 않는 상태가 된 것이다.

객관성은 거리를 둬야 얻어진다. 무심함은 사람을 통찰력 있게 만든다. 그래서 파스칼의 말은 옳아 보인다.

"우리는 결코 누구도 사랑하지 않는다."

철학이 없기에 삶이 흔들리는 것이다

나는 이게 마음에 들어

베르사유 궁전에서 제프 쿤스(Jeff Koons)의 미술 전시
회가 열렸다. 예술 잡지에서는 그를 천재라 칭송했고, 나의
동료는 엄청나게 싫어했으며, 친구는 그를 전혀 몰랐다. 예
술을 바라보는 시각은 사람마다 제각각이다.

취향이나 좋아하는 색깔에 대해 옳고 그름을 따지는
것은 무의미하다. 모든 견해는 개인적이다. 그렇다면 우리
는 이렇게 물을 수 있다.

"절대적인 규범으로 내세울 만한 보편적인 아름다움

이나 취향이 존재할까?"

아니면

"오로지 개별적인 취향만 존재할 뿐일까?"

취향은 제각각이니 왈가왈부할 이유가 없다.

이런 주장에 반대하며 칸트는 확고한 태도로 취향과 아름다움을 혼동해서는 안 된다고 지적했다. 모두가 다른 취향을 지녔다는 것은 사실이지만 아름다움은 이와 다르다. 분명히 객관적인 아름다움이 존재한다.

"아름다움은 보편적인 개념이다."

칸트의 말처럼 취향에는 개인차가 있지만 모두가 보편적으로 아름답다고 느끼는 부분도 있다. 예를 들어, 노을 진 카프리섬에서 바라보는 해넘이 풍경, 햇살을 받아 반짝이는 루브르 궁전 정면, 베토벤 교향곡 6번 등을 두고서는 대부분의 사람들이 아름답다고 한다. 이성적이거나 과학적으로 그 이유를 명확히 설명하지 못하더라도 아름답다는

철학이 없기에 삶이 흔들리는 것이다

의견은 종종 일치한다. 아름다움에 정확한 공식은 없을지 모르지만 아름다움을 바라보는 기준에는 어느 정도 폭넓은 합의가 이루어진다고 볼 수 있다.

　단지 좋은 느낌이라고 해서 아름답다고 생각한다면 그건 착각일 수 있다. 좋고 싫은 건 옳고 그름의 문제가 아니다. 내가 좋게 느낀 감정을 설명하면서 다들 그렇게 느낄 거라고 우겨 봐야 소용없다. 개인의 취향은 주관적이고 특별해서 개인의 감수성과 밀접하게 연관되어 있다. 그렇기 때문에 개인의 취향이 객관적인 가치를 지녔다고 보는 것은 부당할 수도 있다. 하지만 무언가를 아름답다고 단언할 때는 다른 사람도 같은 판단을 할 것이라는 전제가 깔려 있다. 아름다움은 주관적인 감각을 넘어서 객관성을 추구하는 판단 능력이 개입된다. 이것이 바로 칸트가 주장하는 바다. 나 혼자만 르누아르 그림이 별로라고 할 수 없는 것처럼 누군가 모차르트 음악을 들으면서 졸았다고 해서 그 음악의 가치를 폄하할 수는 없다.

　"나는 이게 마음에 들어."

"이거 정말 아름다운데!"

이 두 말은 같은 말이 아니다. 전자는 개인적인 선호를 나타내는 반면, 후자는 다른 사람과 공유하거나 토론 혹은 비판의 여지가 있는 객관적인 판단이다. 취향과 좋아하는 색깔에는 옳고 그름이 없지만, 객관적인 아름다움은 사람들이 끊임없이 논쟁해 온 대상이기에 보편적인 개념으로 볼 수 있다.

•
철학이 없기에 삶이 흔들리는 것이다

마음이 불편하면 즐겁지 않다

나는 마음 가는 대로 사는 게 좋다. 바흐의 음악을 큰 소리로 듣고, 친구가 오늘 갑자기 만나자 해도 계획했던 영화관으로 향한다. 마음에 드는 재킷이 있다면 마이너스 통장을 감수하고서라도 사서 입고 만다. 지금 그 재킷을 걸치고 나왔다.

"마음이 불편하면 즐겁지 않다."

프랑스 사람이 흔히 하는 이 말은 이것저것 따질 필요

없이 마음 가는 대로 행동해도 된다는 일종의 통행증이다. 만족감을 얻으려면 우선 자신부터 챙기라는 의미로 즐거움을 특별한 관점에서 바라본다. 즐겁기 위해서는 자신을 우선해야 한다는 것이다. 하지만 오해하지는 말자. 이는 무제한적인 쾌락 추구를 의미하지는 않는다. 오히려 양심의 가책없이 자신의 욕망을 충실히 따를 때 진정한 만족을 얻을 수 있다는 뜻이다. 타인이나 도덕에 지나치게 얽매이면 불편함을 감수하게 되고, 그러다 보면 때로는 자신에게 불리한 선택을 하게 된다.

그렇다면 우정이나 관대함은 어떻게 설명할 수 있을까? 때론 우리는 타인을 위해 불편함을 감수하면서도 만족감을 느낀다. 이럴 때 우리는 자신의 즐거움보다 타인의 행복에 더 신경쓴다. 개인적 이득을 넘어서, 심지어 그 이득을 거스르면서도 즐거움을 느끼게 하는 행위가 엄연히 존재한다. 인간 관계는 단순히 이기적인 원칙만으로 이루어지지 않으며, 개인의 안락과 즐거움을 추구하는 것만이 유일한 행동 동기는 아니다.

만약 모든 일에서 자신의 만족만을 추구한다면, 앞뒤

철학이 없기에 삶이 흔들리는 것이다

가리지 않고 행동하며 불편함을 모조리 거부한다면, 인간 관계는 순전히 상업적인 관계로 전락할 것이다. 모든 것이 교환의 대상이 되고 대가를 지불해야 하는 상황이 될 것이다. 마르크스 『공산당 선언』에서의 지적처럼, 부르주아가 유럽 전역을 자기중심주의와 계산이 지배하는 사회로 만든 것과 같은 결과를 초래할 수 있다.

> "부르주아 계급은 …… 인간관계를 순수한 이해관계로 축소시켰다. 그들은 차가운 현금 외에 다른 어떤 유대도 남기지 않았다. 부르주아 계급은 경건한 열정과 기사도적 열광, 소시민적 감상 등을 이기적인 계산이라는 차디찬 얼음물에 빠뜨려 익사시켰다. …… 그리고 마침내 개인의 존엄성을 교환 가치로 대체해 버렸다."

이 관점에서 볼 때, 부르주아는 단순히 황금을 차곡차곡 쌓아 두는 사람이라기보다는 대가가 없는 행위를 못하는 사람이다. 그들은 오로지 이윤만 추구하며, 무엇을 하든지 자신의 이익만 챙기는 사람들이다.

이런 맥락에서 플로베르의 장편 소설 『보바리 부인』의 주인공 에마가 부르주아와의 결혼에 절망하는 마음을 이해할 수 있다. 그녀의 남편은 악한 사람은 아니었지만 근본적으로 이기적이었다.

철학이 없기에 삶이 흔들리는 것이다

애덤 스미스
Adam Smith
-
자유 시장과 도덕 감정을 연구한
경제 철학의 창시자
-
1723년 - 1790년

영국의 경제학자 애덤 스미스는 1776년 출간한 『국부론』 (국가의 부의 본질과 원인에 대한 연구)을 통해 경제적 자유주의를 옹호하며 큰 영향을 미쳤다. 그는 "사회와 경제의 원동력이 자비나 우정이 아닌 이윤 추구에 있다"고 보았다.

"우리가 저녁을 먹을 수 있는 것은 정육점 주인, 양조장 상인, 빵집 주인의 자비심이 아니라 그들의 이익 추구 때문이며, 우리는 그들의 인간성이 아닌 이기심에 호소한다"라는 그의 말은 이를 단적으로 보여 준다.

마르크스
Karl Marx
-
자본주의를 비판하고
계급 투쟁을 주창한 혁명 사상가

1818년 - 1883년

카를 마르크스는 철학자이자 정치 혁명을 이끈 인물이다. 그에게 철학이란 단순히 사고하는 지식이 아닌, 세상을 바꾸는 실천적 도구였다. 그의 사상에서 가장 핵심이 되는 개념은 '계급 투쟁'으로, 그는 이를 통해 모든 역사적, 정치적, 법률적 현상 일체를 설명할 수 있다고 주장했다. 그는 자본주의를 단순한 생산 양식이 아닌, 개인을 체계적으로 착취하고 지배하는 구조적 현상으로 분석했다. 여기서 핵심은 개인주의를 초월한 새로운 정치·경제 체제의 수립으로 볼 수 있다.

오늘날 마르크스의 사상은 "현대 사회의 맥락에서 여전히 유효한지", "아니면 특정 시대의 산물로써 이제는 그 실효성을 상실했다고 봐야 하는지"에 대한 생각의 여지를 남긴다.

나름의 사정이 있겠지

이렇게 난처한 말이 있을까?

"나름의 사정이 있다."

이 말만큼 토론을 무력화시키는 표현이 또 있을까? 만일 모든 상황이 저마다의 형편에 따라 정당화된다면 우리가 서로 의견을 교환할 이유가 무엇이겠는가? 어째서 진리를 탐구하고, 갈등을 해소하며, 철학적 사유를 확장하고, 문화유산을 감상하며, 사상을 공유하고, 저술 활동을 하고,

타인과 소통하며, 자아를 성찰하는 이 모든 행위들을 한단 말인가? 만일 매사에 '나름의 사정'이라는 방패 뒤에 숨는 다면 우리에겐 더 이상 토론할 거리가 남지 않는다.

더 나아가 만약 모든 것이 상황과 맥락의 상대성에 종속된다면 어떻게 될까? 확신을 가지고 주장할 수 있는 것은 아무것도 없게 된다. 지식의 설명도, 전달도, 발전도 불가능해지며, 어떠한 이론도 제시할 수 없게 된다. 그렇다면 침묵만이 최선일 것이다. 사유의 대상이 존재하지 않는다면 우리는 그저 스쳐지나가기만 해야 할 것이다.

사고란 대상의 미묘한 차이와 변화를 인정하면서도 동시에 그것을 어느 정도 고정된 형태로 포착하려는 시도다. 이는 사실을 이해하고 규명하기 위해 과감히 도전하는 지적 활동이다. 하지만 모든 것이 매사에 '나름의 사정'에 따라서 '개별적 맥락'과 '특수한 상황'에 종속된다면 우리는 보편적이고 포괄적인 어떠한 주장도 할 수 없게 된다. 그저 다양한 사례들을 나열하는 데 그칠 뿐 그 속에서 논리적 맥락을 찾으려 하지 않게 된다. 각자의 상황을 세세히 기술할 수는 있어도 그에 대한 해석이나 의미 부여는 불가능해진다. 이는 마치 수학자에게 무한의 본질을 탐구하지 말고 단순 계산만 하라고 강요하는 것과 다름없다.

더욱이 인간의 지성을 단순히 연산과 데이터 수집 능력으로만 한정한다면 인공 지능은 이미 그 영역에서 인간을 앞서고 있다. 진정한 사고와 이해란 단순한 통계적 분석을 넘어 의미 있는 해석을 시도하는 것이며, 이는 기술적 평가가 아닌 창조적 상상력의 영역이다.

그럼에도 일부는 자신만의 예리한 통찰이라며 "모든 것은 상황에 따라 다르다"는 진부한 상대주의를 펼친다. 더욱이 "그건 관점의 문제지"라고 덧붙이며, 마치 깊은 통찰을 제시한 듯 자부한다.

하지만 이러한 상대주의는 진정한 섬세함과는 거리가 멀다. 오히려 각각의 주장과 견해 차이를 개별적 영역에 고립시켜 무력화시킬 뿐이다. "그럴 만한 사정이 있다"는 데 그 사실 말고 우리에게 무엇을 더 말해 줄 수 있을까? 결국 이는 모든 논의를 피상적 수준으로 격하시킬 뿐이다. 모든 상황이 상대적이고 상황과 맥락에 달려 있다고 선언하는 순간, 더 이상의 깊이 있는 논의나 세밀한 검토는 불가능해진다. 진정한 통찰력과 섬세한 관찰력이란 이와는 정반대로, 구체적인 차이를 포착하고 상황의 본질을 밝히는 데 있다.

"나름의 사정이 있겠지."

이런 식의 단순한 단언은 현실의 복잡성을 인정하는 것처럼 보이지만, 오히려 그 복잡성은 풍성해지지 않고 빈약해진다. 모든 상황을 하나의 설명으로 정리하려는 시도는 경계해야 한다. 이는 진정한 성찰과 의문에서 비롯된 것이 아니라 단일한 관점을 고수하며 의심의 여지를 차단하려는 태도에서 나온다.

"나름의 사정이 있겠지."

이러한 태도는 건설적인 토론을 막고 지적 호기심을 메마르게 한다. 민주주의가 국가 나름이라고 말할 수 있을까? 민주주의는 독재에 맞서는 보편적 가치가 아니던가?

아름다움이 개인의 취향 나름이라고 말할 수 있을까? 그렇다면 왜 우리는 박물관을 세우고 모두가 명화 앞에서 공통된 감동을 느끼겠는가? 인간 존중이 문화 나름이라고 말할 수 있을까? 그것은 결코 타협할 수 없는 절대적 가치가 아닌가?

그럼에도 파스칼은 모든 것이 상대적이라는 생각을 끝까지 밀어붙였다. 파스칼은 정의조차도 상황에 따라 달라지는 '나름의 사정이 있다'고 주장했다.

"법은 시대에 따라 다르다."
"강 하나를 사이에 두고 정의가 달라진다니, 이 얼마나 우스운 일인가! 피레네산맥 이쪽에서 진리인 것이 저쪽에서는 오류가 된다."

결국 모든 것이 동등한 가치를 지닌다고 주장하는 순간, 역설적으로 진정한 가치는 사라진다. 좀도둑부터 강력범죄자까지 모두 저마다 자신의 행동을 정당화하듯이, 이러한 극단적 상대주의는 모든 행위를 동등하게 인정하게 한다. 이들의 관점에서 역사는 단순한 변화의 연속일 뿐이며, '진리'는 단지 우리가 속한 문화와 위치에 따라 달라지는 상대적 개념에 불과하다. 이는 참으로 극단적인 주장이다. 진리와 선(善)을 '나름의 사정'이라는 불확실한 기준에 맡기는 것은 매우 위험한 발상이다.

하지만 이러한 극단적 주장은 현실을 면밀히 살펴봄으로써 충분히 반박할 수 있다. 실제로 인간은 놀라울 정도로 보편적인 특성을 공유하며, 시공간을 초월해 서로를 이해한다. 우리가 이십 세기 전의 철학자 세네카의 글을 읽으며 동시대인의 목소리처럼 공감하는 것이 그 증거다. 세네카가 전한 분노나 슬픔, 시간에 대한 통찰은 현대 사회에서도 여전히 유효하다.

우리는 국적이나 나이와 무관하게 삶, 사랑, 슬픔, 고통에 대해 본질적으로 동일한 언어로 소통한다. 물론 각자의 처한 상황과 살아온 방식 또는 문화적 배경과 신념에 따라 표현 방식은 다양할 수 있다. 이러한 다양성은 오히려 인간의 대화를 더욱 풍요롭게 만든다. 지구 북반구에 살든

남반구에 살든 우리를 하나로 연결하는 것은 자유를 향한 보편적 열망, 공통된 꿈 그리고 근본적으로 인간성이다.

나는 불가지론자야

불가지론은 사물의 본질이 인간에게 알려질 수 없다는 철학적 관점이다. 이러한 사항은 쥘리앵 그린의 『밤 속에 갇힌 사람들(Chaque homme dans sa nuit)』작품에서도 찾아볼 수 있다.

"나는 이제 완전히 불가지론자가 됐어."
"그 말은 네가 무신론자라는 거야?"

밀프레드가 알 만하다는 표정으로 묻자, 앵거스는 주

머니에서 담배를 꺼내 라이터로 불을 붙이며 말했다.

"그보다 훨씬 더 미묘해. 나는 무엇도 부인하지 않아. 하지만 그렇다고 아무것도 단정하지 않지. 무슨 말인지 알겠어?"

불가지론자는 무신론자도, 신앙을 가진 사람도 아니다. 불가지론자는 신의 존재 여부를 인간이 증명할 수 없다고 본다. 따라서 신의 존재나 부재에 대해 단언하지도, 반박하지도 않고 그저 질문을 던지는 데 만족한다. 불가지론은 중립적인 영토다. 마치 신학과 철학이 벌이는 전쟁에서 아무런 공세도 펴지 않고 중간에 선 중립국 스위스와 같은 입장을 취한다.

신의 존재는 확신의 영역이 아닌 신앙의 문제다. 지식과 철학을 동원한다고 결정되는 사안이 아니다. 역사상 가장 엄정한 불가지론자로 알려진 칸트는 철학이 지닌 무기인 이성, 오성, 관념, 추론으로는 신의 존재를 결코 증명하지 못한다고 장담했다. 우리가 무언가를 생각한다고 해서 그것이 실제로 존재하는 것은 아니기 때문이다. 내가 신을 생각하고 느끼기에 신이 존재한다고 말해 봐야 개인 의견일 뿐 신의 존재를 확인할 방법은 없다.

칸트는 신이 존재해도 인간은 증명하지 못한다고 믿는다. 이를 설명하기 위해서 흥미로운 예시를 들었다. 지갑에 들어 있는 100탈레르(18세기 프로이센의 화폐)와 머릿속으로 생각하는 100탈레르가 있다. 둘 다 '돈'이다. 하지만 머릿속으로 생각하는 100탈레르는 실제로 소유하지 못한다. 지극히 당연하다. 지갑 안에 들어 있는 100탈레르와 머릿속에 든 100탈레르는 전혀 다르다.

덧붙여 칸트는 『순수이성비판』에서 경제적이자 형이상학적인 참신한 논거를 전개한다.

"단순히 생각이 많다고 지식이 많지는 않다. 이는 상인이 재산을 늘리고 싶다고 회계 장부에 0을 몇 개 더한다고 가진 돈이 늘어나지 않는 상황과 마찬가지다."

은행 ATM 기기는 고객이 통장 잔액 이상의 돈을 인출하려 할 때 이를 허용하지 않는다. 그런 면에서 은행 ATM 기기는 칸트의 사고 방식과 닮았다.

형이상학자들은 종종 신의 존재를 이성적으로 증명하려 한다. 하지만 칸트의 관점에서 이는 마치 가상의 가치를 조작하는 트레이더와 비슷한 행위다. 예를 들어, 신이 어떤 존재보다 가장 완벽한 존재라는 상상은 논리적 근거가 전혀 없다. 현실성 부족한 단순한 가능성 중 하나일 뿐이다.

철학자와 신학자가 주장하는 신의 존재는 부자가 되겠다는 막연한 꿈과 비슷하다. 인간에게는 신의 존재를 증명할 능력이 없음에도 불구하고, 신이 실제로 존재한다고 주장하는 철학자의 모습은 가상 화폐에 투자해도 절대 위험하지 않다고 주장하는 투기꾼의 논리와 같다.

칸트는 형이상학의 과도한 야심을 제어하며 혁신을 추구했다. 이러한 그의 논리는 경제 분야에도 적용할 수 있다. 비록 의도하지 않았지만 칸트의 사상은 자본주의의 문제점을 지적하고 혁신의 방향을 제시했다고 볼 수 있다.

그렇다면 불가지론적 접근이 자본주의의 문제를 해결하는 해결책이 되지 않을까?

철학이 없기에 삶이 흔들리는 것이다

아니 땐 굴뚝에 연기 날까

모든 결과에는 원인이 있다.

"아니 땐 굴뚝에 연기 날까."

이 속담은 명백한 이치를 담고 있으며, 이는 모든 지
식의 근본 원칙이기도 하다. 무언가를 안다는 것은 그 이유
를 찾아내고, 어떤 과정으로 그런 일이 벌어졌는지 확인하
며 원인을 파악하는 과정이다.

굴뚝에서 연기가 난다면 아궁이에 불이 타고 있음을

짐작할 수 있다. 어린이들이 가끔 짜증날 정도로 끊임없이 "왜?"라는 질문을 달고 사는 것은 성장 과정의 일부다. 어린이들은 어떤 결론이나 원인에 대한 답을 찾아가며 성숙해진다.

이 속담에는 단순히 성장에 관한 이야기만 담겨 있을까? 더 깊이 살펴보면 생각지도 못한 새로운 내용도 보인다. 바로 신의 존재다. 속담에서 신이 존재한다는 증거도 발견할 수 있다.

근대 철학의 창시자 데카르트는 『제일철학에 관한 성찰』에서 연기를 보고 불의 존재를 알아차리는 지혜로 신의 존재를 증명하려 했다.

"오로지 그로써 나는 존재하고, 나의 마음속에는 최고로 완벽한 존재인 신에 대한 생각이 있다. 그러니 신의 존재는 매우 분명하게 증명된다."

이 내용은 다음과 같이 해석된다. 만일 내가 신에 대

한 생각을 가지고 있다면(연기가 난다면) 신은 단순히 나의 정신에만 존재하는 것이 아니라 실제로 존재한다(어딘가에서 불이 타고 있다). 인간에게 신에 관한 생각을 심어 준 존재는 바로 신 자신이기 때문이다.

데카르트는 원인과 결과의 연결을 통해 발견한 확신을 신의 존재로 확장했다. 속담의 '연기'에 비유되는 무한하고 완벽한 존재인 신을 향한 생각은 어디서 오는 걸까? 그 생각은 죽을 운명을 앞둔 불완전하고 결함 가득한 가련한 존재인 나에게서 생겨났을 리 없다. 나는 불이 아니라 연기에 불과할 뿐이다. 나는 내가 신이 아님을 확실히 안다. 신처럼 불이 될 연료를 지니지 않았으며 앞으로도 결코 지니지 못한다. 그러니 신만이 우리 마음에 이러한 생각의 '연기'를 피울 수 있다.

데카르트의 신을 찾아가는 지혜와 "아니 땐 굴뚝에 연기 날까"라는 속담의 이치를 우리는 존중해야 한다. 이는 과학적으로는 답을 찾지 못하는 어린아이의 질문에도 합리적으로 답을 끌어내기 때문이다.

Part 07

―

<u>스스로</u>
선택하고
행동하는 나이길

"인간으로 세상에 존재하는 이유는 스스로 선택하기 위해서다."

-사르트르-

사람 일은 모르는 거야

더 이상 빠져나갈 출구가 없어 보이는 상황에서도 언제나 낙천적이고 긍정적인 사람은 희망을 가득 품고 말한다.

"사람 일은 모르는 거야!"

그렇게 운명론에 맞서는 마음의 장벽을 세워서 모든 일이 아직 결판나지 않았다고 스스로를 방어한다. 단순한 위로로 보이지만, 이는 사실상 삶을 가장 잘 정의하는 말이다.

‘사람 일은 모른다’는 것은 예기치 못한 일이나 운을 의미하며, 철학자들은 이를 ‘우연성’이라 부른다. 개인의 삶과 시대의 역사는 우발적인 사건이나 숙명에 의해 지배되지 않는다. 이미 벌어진 일은 사실 작은 사건 하나로 달리 진행되었을 수도 있다. 우리가 겪는 모든 일은 절대 일어나지 않는 불가능과 언제나 벌어지는 필연 사이에 위치한다.

인생의 결말은 정해져 있지 않다. 어떻게 살아가느냐에 따라 늘 변화한다. 모든 것이 우연이기에 ‘사람 일을 모른다’는 말은 진리다. 현재 처한 상황이나 관계의 흐름을 매번 완벽히 예측하는 불변의 법칙은 없다. 물이 섭씨 100도에서 끓는 것은 자연의 법칙이지만, 누군가가 6월에 결혼하는 것은 우연이다. 살아가면서 벌어지는 사건들을 물리 법칙처럼 확실히 예측하는 것은 불가능하다. 관건은 매사가 불확실한 상황에서 어떻게 행동할지 아는 지혜다.

시계 비행이란 조종사가 눈으로만 지형을 살피며 항공기를 조종하는 비행이다. 이는 현재 처한 상황을 더 쉽게 만들려는 우리의 태도와 닮았다. 데카르트는 이런 상황에서 한 가지 기본 규칙을 제시한다. 결과가 어떻든 군건하고 확고한 태도로 자신의 길을 계속 가야한다는 것이다. 데카르트는 마음을 바꾸는 것이 파멸을 초래한다고 생각했다.

여행자가 숲속에서 길을 잃은 상황을 상상해 보자. 숲에서 길을 찾는 가장 좋은 방법은 오른쪽으로 꺾었다가 다시 왼쪽으로 가보는 식의 불규칙한 움직임이 아니다. 가능한 같은 방향으로 똑바로 걷는 것이다.

삶의 본질을 이루는 우연성과 불확실성에 직면했을 때 가장 확실한 길은 직선이다. 그리고 최고의 나침반은 집요함과 군은 의지다. 좋은 길은 그 길 끝에 있는 출구에 있지 않고, 그 길을 따라가는 우리의 의지에 있다.

데카르트는 회한과 후회를 남기지 않기 위해 끈기 있게 한길을 가라고 조언한다.

"만일 내가 알았더라면 달랐을까?"
"그때 그렇게 할 걸."
삶을 좀먹는 생각은 접어 둬라. 그저 올곧게 한길을 가는 것이 중요하다.

해야 한다면

우리는 보통 확인하듯 되물으며 "해야 한다면"에 덧붙여 "해야 한다면 해야지"라고 말한다. 그 말 뒤에는 대개 마지못해 하는 듯한 긴 한숨이 따른다. 이러한 체념과 불평이 담긴 표현은 의무에 대한 우리의 태도를 드러내며, 그리 긍정적으로 보기는 어렵다.

"왜 의무를 다하는 일이 그토록 괴로울까?"

우리는 종종 올바른 행동이 이득은커녕 해가 된다는

느낌을 자주 받는다. 의무를 행할 때 가장 힘든 점은 하겠다고 굳게 다짐하는 과정보다 이기심을 억누르는 인내심이다. 짜증나는 직장 동료를 돕거나 듣기 불편한 직언을 하거나 남 탓하지 않는 것까지. 자신에게 이득도 없고 유리하지 않은 행동을 이기적인 마음을 거스르고 때로는 손해마저 보며 행하는 일, 그것이 '의무'다.

책임과 도덕을 옹호한 칸트는 『실천이성비판』에서 '의무'를 이렇게 표현했다.

"의무여! 숭고하고 위대한 그대는 기분 좋은 것이라고는 눈곱만큼도 담지 않고, 복종을 요구하면서 단지 법칙을 제시한다. 그 법칙 앞에서는 반대하는 의견을 드러내지 않고 모두가 입을 다문다."

그러니 우리는 한숨을 쉬면서 "해야 한다면 해야지"라고 말할 때, 사실 칸트의 철학을 실천하고 있는 셈이다. 의무를 실천하는 것은 그 행동으로 어떤 이득도 바라지 않고, 심지어 인정이나 고맙다는 인사조차 기대하지 않는 행동이다. 예를 들어, 수영할 줄 안다면 물에 빠져 허우적대는 낯선 사람을 구하기 위해 물에 뛰어드는 용기를 발휘한다. 이는 보는 이가 없어서 칭찬받을 가능성이 희박하고 도움받은 사람이 상황에 따라서는 고맙다는 표현을 하지 못하더라도 기꺼이 도와주려는 자세다.

칸트는 이러한 자세를 마음에 품고 동시에 보편적인 법칙과 금언에 따라 행동해야 한다고 주장한다.

자신에게 유리하면 서슴없이 거짓말하는 사람이 되었다고 상상해 보자. 가령 친구가 생일 파티에 초대했는데 그 자리가 지루할 것 같거나 상대에게 선물을 주기 싫어 거짓말을 한다.

"마침 그날 지방에 계신 부모님을 뵈러 가야 해."

만약 모든 사람이 이런 작은 거짓말을 아무렇지 않게 한다면 사회 생활과 인간관계에서 계약, 약속, 우정 등은 무의미해진다. 서로가 거짓말한다는 의심이 들기 때문이다.

거짓말하지 않고 살아가는 것은 단순히 타인을 위해서가 아니다. 거짓말은 아무리 작고 선의의 의도라 해도 결과적으로 모든 관계의 기초를 무너뜨린다. 남동생이 성격이 이상한 사람과 사귀는데 "둘이 잘 어울린다"고 하거나, 친구의 자녀가 버릇없는 응석받이인데도 솔직히 말하지 못한다면 선의의 거짓말로 인해 그들의 삶에 부정적인 영향을 미칠 수 있다.

올바른 행동을 위해서는 "모든 사람이 나처럼 행동한다면 어떤 일이 벌어질까?"라고 스스로에게 물어봐야 한다. 도덕을 나에게 맞춰 조금씩 바꿔 적용하기란 어렵다. 하기 힘든 일일수록 더 도덕적이다.

나의 이기심을 억누르면 타인에게 이로운 영향을 미칠 가능성이 크다. 그러니 좋은 일을 할 때 즐거움이 느껴지지 않고 손해 보는 느낌이 들더라도 반감 대신 의욕을 불어넣자. 이것이 바로 진정한 도덕적 행동의 실천이다.

지금의 나는 과거의 내가 아니다

시간은 끊임없이 흘러가고 우리도 시간과 함께 변화한다. 과거는 단지 과거일 뿐이다. 과거에 존재했던 '나'는 현재에 없다. 지금 이 순간에 집중해서 살아갈수록 과거의 나는 희미해지고 사라진다. 과거의 내가 지금의 내가 아닌 이유는 삶에 내포된 죽음 때문이다. 우리는 매일 조금씩 죽어간다. 1년 전, 한 달 전, 심지어 하루 전에 살았던 나는 이미 사라지고 없다.

시간은 흘러 전부 어디로 가버리는 걸까?

여섯 살, 열두 살, 스물네 살 때의 나는 완전히 사라져 버린 걸까? 아니면 과거와 현재가 합쳐진 존재가 진정한 '나'일까? 과거는 이미 멀어졌지만 나는 여기 남아 있다. 과거의 나는 죽지 않고 현재와 하나가 되었다.

과거와 미래를 내포하는 현재의 역설을 가장 예리하게 분석한 철학자는 성 아우구스티누스이다. 『고백록』에서 다음과 같이 말했다.

"미래는 아직 존재하지 않는다. 누가 부인하겠는가? 하지만 정신은 이미 미래를 기다리며 살아간다.
과거는 더 이상 존재하지 않는다. 누가 부인하겠는가? 하지만 정신은 아직도 과거를 기억하며 살아간다.
현재는 현재일 뿐이다. 누가 부인하겠는가? 그러나 마음을 다해 주의를 기울이면 과거와 미래는 현재 안에 살아 있다."

우리가 진정으로 살아가는 유일한 시간은 현재이며,

현재는 모든 시간을 동시에 담아낸다. 아우구스티누스는 또한 이렇게 말한다.

> "시간은 세 가지가 있다. 과거의 현재, 현재의 현재, 미래의 현재이다."

아우구스티누스의 결론에 따르면 과거는 기억으로써 현존하고 미래는 기대 속에 이미 존재한다.

인생을 구성하는 시간은 단순하고 얇은 직선 화살표가 아니다. 삶의 선은 더 두껍고 묵직하다. 나는 현재를 살아가지만 앞서 살았던 과거의 존재 역시 나다. 몇 초 후를 살아갈 존재 역시도 나다.

그러므로 현재의 우리 안에는 과거와 미래가 동시에 살아 숨쉰다. 이것이 바로 시간의 본질이며, 우리 존재의 복잡성을 보여 주는 증거다.

아우구스티누스
Augustine
-
신학과 철학을 융합하여 기독교 사상을
체계화한 성인
-
354년 - 430년

아우구스티누스(또는 아우렐리우스 아우구스티누스)는 신앙 없는 삶의 공허함을 깨닫고 그리스도교로 개종한 후, 평생을 그리스도교 진리 수호에 헌신했다. 그는 인간의 구원은 오직 신의 은총을 통해서만 가능하며, 이는 인간의 미덕이나 행위와 무관하다고 보았다. 그에 따르면 인간은 원죄로 인해 근본적으로 타락했으며, 원초적 선함이 거의 사라진 타락 이후와 그 이전이 확연히 구분된다.

17세기에 재조명된 그의 사상은 라신의 희곡부터 데카르트의 철학에 이르기까지 광범위한 영향을 미쳤다. 가톨릭 교회는 구원과 자유에 관한 그의 가르침을 권위 있는 학설로 인정하여 '은총의 박사'라 칭했다.

스캔들 너머 지성의 힘

언론에서 보도되는 추문과 비리는 때로 보이지 않는 힘에 의해 보호받는 듯 보인다. 그렇다 보니 술자리에서는 심심치 않게 이런 말이 오간다.

"무슨 일만 터지면 스캔들로 관심을 돌리냐! 대중이 무슨 정치인들의 장난감이냐?"

음모론이나 편집증에 빠지지 않더라도, 가끔은 권력자들이 진실을 감추는 데 대중이 이용당하는 듯한 불쾌감을 느낀다.

정치권이나 정부, 의약 연구소, 공장, 재벌의 비리가
밝혀지지 않는 상황은 비판받아야 마땅하다. 하지만 지식
의 영역에서는 이야기가 다르다. 오히려 모든 것이 명확히
설명되지 않는 것이 좋을 수 있다. 만약 모든 지식이 완벽
히 설명되고 숨겨진 정보가 하나도 없다면 비판적 사고는
설 자리를 잃는다. 지성은 행간의 의미를 읽어낼 때 빛을
발한다.

우리가 살아가며 겪는 모든 현상에 상세한 사용 설명
서가 있다면 탐구심은 꺾일 것이다. 수동적으로 지식을 받
아들이는 것보다 능동적으로 지식을 찾아내는 과정에서 지
성이 향상된다.

부모와 교사, 심리 상담사, 과학자, 안과 의사가 스마
트폰 중독이 위험하다고 강조할 때 지적되는 주요 문제 중
하나는 수동성이다. 스마트폰 자체가 나쁘기보다는 그것
을 생각 없이 무비판적으로 사용하는 우리의 태도가 문제
다. 비판적 사고는 가짜 뉴스를 포함한 무분별한 정보로부
터 우리를 보호하는 면역력을 길러 주는 백신과 같다.

인생의 모든 상황이 흑과 백으로 명확하게 구분되고, 각 상황에 대한 해결 방안이 뚜렷하게 있다면 우리는 판단력을 발휘할 필요가 없을 것이다. 그저 기존에 가지고 있던 선입견만으로 충분할 테니까. 그러나 실제 삶은 그렇지 않다. 살아가기 위해서는 생각하는 힘이 필요하다. 스스로 생각하는 과정은 지식을 소화하고 해석하며 판단하는 능력을 길러 준다.

학생이나 독자가 책을 읽고 작가가 쓴 내용 이상의 의미를 발견하는 것은 언제나 좋은 신호다. 이는 표면적인 내용을 넘어서는 지성의 힘을 보여 주는 증거다.

만일 모든 것이 명확히 드러난다면 시와 상상력, 심지어 유혹까지도 사라질 것이다. 우리 삶에는 암묵적인 규칙과 미묘한 감정이 존재한다. 솔직히 말해서, 신이나 철학자가 영업 사원처럼 나타나 삶의 지혜를 일일이 설명했다면 그들이 지금과 같은 존경을 받을 수 있었을까?

하늘은 스스로 돕는 자를 돕는다

단순히 결과를 하늘에 맡기고 기다리는 사람은 아무 것도 얻지 못한다. 신에게 도움받고 싶다면 먼저 스스로 적극적으로 노력하고 행동해야 한다.

"하늘은 스스로 돕는 자를 돕는다!"

이 속담은 외부 도움을 바라기에 앞서 자신의 힘을 길러야 한다는 것을 강조한다. 이는 의지가 지성보다 우위에 있다고 생각하는 주의주의적 관점을 반영한다. '하늘'이라는 표현이 사용되었지만 이는 종교적 맥락에서는 다소 모호한 표현이다.

"신은 죄인을 구원하고 축복을 베풀며 은총을 내린다."

많은 종교는 무조건적인 사랑과 포용을 강조한다. 그러나 이는 인간이 아닌 절대자의 힘이다. 신학적 관점에서 인간은 보잘것없는 존재이며, 신의 도움 없이는 자신이나 타인을 구원하기 어렵다고 본다.

이 두 관점의 차이는 분명하다. "하늘은 스스로 돕는 자를 돕는다"는 속담은 스스로를 도울 능력이 자기 안에 있다고 보는 주의주의적 입장이지만, 종교적 관점은 신의 은총을 강조한다. 독일의 신학자 마르틴 루터는『그리스도인의 자유』에서 인간은 의지가 무력하여 타락하기 쉽다고 지적한다.

"너의 일평생과 모든 업적은 신 앞에서 보잘것없다. 네가 가진 업적을 과신하며 교만한 태도를 보여도 신 앞에서는 한없이 초라하다. …… 오로지 한 가지만이 분명하다. 인간은 십계명을 지킬 능력이 부족하다. 그렇기에 무력감을 느끼고 신에게 도움을 구하는 방법을 배운다."

이스라엘 지도자였던 모세의 십계명은 다른 사람의 아내나 재산을 탐내지 말라는 등 지나치게 청빈한 삶을 요구한다. 종교인들의 일탈 소식이 끊이지 않는 만큼, 현대 사회에는 모세의 십계명처럼 타인의 소유를 탐내지 않고 신의 뜻을 따르는 삶이 중요하다. 원하는 욕망을 이루고자 자기 계발에 열심인 사람들에겐 거부감이 들 수 있지만 신의 뜻을 따르며 살고자 하는 신앙인에게 교만과 욕망을 버리는 것은 필수적인 태도다. 신을 믿는다면 야욕에 불타올라 하늘이 스스로 돕는 자를 돕는다며 날뛸 게 아니라 신이 언젠가 자신을 돕기를 바라며 겸허히 기다리는 자세가 필요하다.

루터
Martin Luther
-
종교 개혁을 주도하며 프로테스탄트의
토대를 세운 개혁가
-
1483년 - 1546년

독일의 수도사이자 신학자 마르틴 루터는 개신교를 창시했다. 그는 가톨릭교회에 의해 왜곡된 복음이 본래의 진리로 돌아가야 한다고 주장했다. 루터는 이성을 '신의 매춘부'라 칭하며, 철학적 진리를 맹신하는 것은 광기라고 강하게 비판했다. 또한 그는 가장 중요한 진리인 성경에 헌신하기 위해서는 '철학자를 보고 짖어대는 것'이 의무라고 강조했다.

위대한 종교 개혁자이자 신학자로서 루터는 신약 성서를 독일어로 번역했으며, 칼뱅을 비롯한 다른 종교 개혁자들과 함께 근세 시대의 새로운 전환점을 이끌었다.

좋은 순간에는 끝이 있다

6월 어느 날, 막 시작된 여름은 영원할 것만 같았다. 태양은 영원히 지지 않을 것 같았고, 행복도 끝나지 않을 것만 같았다. 일곱 살이었던 나는 완벽한 하루를 보내고 있었다. 그때 어른의 목소리가 갑자기 들려왔다.

"이제 집에 들어갈 시간이야.
좋은 순간에도 끝은 있는 법이야."

어른이란 바로 이런 존재다. 그들은 태평한 마음을 잃

어버렸고, 시간을 재며 기쁨마저 한정 짓는다. 좋은 순간에 끝을 정하는 것, 그것이 바로 어른이란 나이다. 그 비극적인 나이가 되면 여름은 빛을 잃고 다시는 일곱 살로 돌아갈 수 없다.

좋은 순간도 나쁜 순간처럼 끝이 있기 마련이다. 이유는 간단하다. 우리는 지금 벌어지는 일을 오직 한 번, 현재의 방식으로만 경험할 수 있다. 아무것도 되돌릴 수 없으며, 지금의 경험을 다시 할 수도 없다. 모든 것은 유일무이하다. 같은 경험이라도 결코 같은 방식으로 다시 경험할 수 없다. 그래서 삶은 소중하면서도 비극적이다. 모든 일은 단한 번뿐인 사건이며, 그것은 손가락 사이로 스쳐 지나간다.

살면서 벌어지는 모든 일은 전례가 없다. 똑같은 일은 반복되지 않으며, 되풀이되는 듯한 일상조차 끊임없이 변화한다. 커피 머신을 작동시키고, 열쇠로 문을 열고, 직장에 갔다가 집으로 돌아오는 일도 마찬가지다. 내가 습관적으로 같은 행동을 반복한다 해도 그 행동을 하는 나는 매번 똑같지 않기 때문이다. 지금 하는 일이 아무리 익숙한 행동이라도 지금 하는 이 순간만큼은 난생처음이자 마지막으로

스스로 선택하고 행동하는 나이길

하는 일이다.

철학자 장켈레비치는 이처럼 매 순간이 지닌 극도의 고유성을 '순간성'이라 일컬었다.

> "삶의 한순간만큼 소중한 것은 없다. 무한히 짧은 아침 시간, 영원한 창공에서 희미하게 빛나는 미세한 점 하나, 단 한순간 피어나는 작디작은 봄, 그리고 다시는 돌아오지 않을 것들."

인간이 하는 행동 하나하나는 그 모든 행위가 되풀이 되지 않으리라는 점에서 영원성을 지니며, 지금 행한 상태 그대로 영원히 남는다. 시간의 본질은 변화된 물질이 원래 상태로 돌아갈 수 없다는 비가역성에 있다. 그렇기에 삶에서는 그 무엇도 되돌아오지 못한다. 모든 순간은 한번 지나가면 영영 돌이킬 수 없으며, 좋은 순간 역시 실제로 끝이 있는 법이다.

이는 더 나아가 행복이 지속될 수 없다는 의미를 함축한다. 하지만 행복이란 본래 만족이 지속되는 상태를 뜻하지 않는가? 장켈레비치가 말한 순간성처럼 행복한 순간이 단 한 번만 만들어지는 것이라면 그 순간은 행복하기에 오히려 지속될 수 없다. 행복이란 거의 불가능에 가까워서 순식간에 매우 쉽게 변질된다고 보면 된다.

좋은 순간에 끝이 있는 이유는 그것이 애초에 존재하지 말았어야 할 기적이기 때문이다. 기적이기에 영원히 지속될 수 없는 것이다. "모든 좋은 순간에는 끝이 있다"는 말 속에는 "지금을 누려라!"라는 의미가 담겨 있는 듯하다. 불행이 일상이고 행복이 예외이기에 좋은 일은 본래 일어나지 말았어야 했다. 그래서 삶은 행복이 스치자마자 사라지는 비극인 것이다.

하지만 우리는 이러한 순간성에 맞서 행복을 지속 가능한 것으로 만들 수 있다. 지나간 시절을 그리워하는 마음, 즉 노스탤지어를 키우는 것은 과거의 순간들을 계속해서 경험하고 현재의 의미를 되새기는 한 방법이다. 이는 사람들이 흔히 말하는 것과 달리 결코 슬픈 일이 아니다. 노스탤지어는 상실감이 아닌 빚진 마음과 같다. 나는 과거의 모든 내가 모여 이루어진 존재이며, 나의 현재는 과거를 통해 계속 이어진다. 시간은 결코 사라지지 않는다. 과거는 마치 빛나는 태양이 만들어 내는 그림자처럼 나의 행동이나 욕망 속에 늘 함께하기 때문이다.

"좋은 순간에는 끝이 있다."

이렇게 단순히 단정짓는 어른들에게 답해 주어야 한다. 앞으로 올 시간의 견고함은 지나간 순간들이 만들어 낸다. 프루스트가 탁월하게 보여 주었듯 미래란 과거가 드리우는 그림자에 불과하다. 지나간 시간은 내 뒤에 있지 않다. 시간은 나보다 몇 걸음, 기껏해야 여름 한철만큼 앞서 있을 뿐이다.

장켈레비치
Vladimir Jankélévitch

-

도덕 철학으로
용서와 시간성을 탐구한 사상가

-

1903년 - 1985년

1903년 파리에서 태어난 블라디미르 장켈레비치는 철학자이자 피아니스트로, 두 분야의 전문성을 바탕으로 시간과 찰나의 본질을 탐구했다. 철학 교수 자격시험 수석 합격자이자 셸링 연구가였던 그는, 유대인이라는 이유로 비시 정권에 의해 교수 자격을 박탈당한 후 레지스탕스 운동에 가담했다. 그는 사르트르와 달리 저항과 실천이란 '순회 강연을 통한 사회 참여의 약속'이 아닌 '목숨을 건 전단 배포'라고 주장했다.

도덕 철학자로서 그는 거짓과 용서, 특히 용서할 수 없는 행위의 본질을 연구했으며, 홀로코스트 이후에는 독일 철학 연구를 거부하고 '마음과 상상력에도 말하지 못하는 철학'을 지속적으로 비판했다.

사람은 고쳐 쓰는 게 아니다

인간을 논할 때 가장 철학적인 명제 중 하나가 있다.

"사람은 고쳐 쓰는 게 아니다."

사람은 근본적으로 다시 만들거나 물건처럼 고칠 수
없는 존재다. '그림'이라는 예술 작품의 주인이 화가인 것
과 달리, '나'라는 존재의 주인은 내가 아니다. 이것이 인간
이 지닌 절대적인 한계다. 우리는 존재하기로 결심하고 태
어난 것이 아니다. 존재를 결정하는 주체도 우리가 아니다.

이를 철학에서는 '유한성'이라 부른다.

　이 말은 얼핏 인간의 결함이나, 아니 그보다는 결함을 고치지 못하는 무능력을 변명하는 것처럼 들릴 수 있다. 하지만 이는 우리의 존재 자체가 원해서 선택적으로 태어난 게 아니라 주어진 것임을 나타낸다. 어머니 뱃속에 자리잡고 생명이 시작되는 순간부터 우리는 원하지 않더라도 살아갈 의무를 짊어진다. 반항기 청소년이나 우울증에 빠진 환자가 외치는 말에 깊은 진리가 담겨 있다.

　"누가 낳아달라고 했어?"

　인간의 존재는 선택이 아닌 피할 수 없는 현실이다.
　철학적 관점에서 볼 때 자신의 존재 이유를 만들고 선택할 수 있는 유일한 존재는 신이다. 스콜라 철학의 용어를 빌리자면 신은 '자기원인(自己原因)'이다. 데카르트는 신을 처음으로 이렇게 정의했는데, 그에 따르면 신은 무한하고 완벽하며 전능한 존재다. 신은 스스로에게 존재를 부여하기 때문에 다른 어떤 것에도 의존할 필요가 없다.

데카르트는 『제일철학에 관한 성찰』에서 신이 가진 힘을 이렇게 정의한다.

"스스로 존재하는 미덕 …… 완전한 완벽 …… 소유하는 힘."

만약 우리가 삶을 레고처럼 조립할 수 있다면 자수성가한 사람처럼 살아가면서 필요한 모든 이상적 자질, 즉 권력, 무한성, 영원성, 아름다움, 인기, 부유함 등을 스스로에게 부여했을 것이다. 하지만 평범한 사람이나 자수성가한 사람과 신의 근본적인 차이는 존재 부여 방식에 있다. 사람은 외부로부터 존재를 부여받지만 신은 오로지 자신의 의지로 존재 여부를 결정한다.

그러나 데카르트 의견에 반대하는 철학자도 있었다. 1950년대에 사르트르는 자기원인이 신이 아닌 인간 안에 있다고 주장했다. 그는 인간을 끊임없이 자신을 원하는 방식으로 만들고 해체하며 스스로를 다지는 존재라 여겼다.

"실존은 본질에 앞선다."

실존주의의 기본 구호로 알려진 이 말은 인간이 스스로 의미를 찾는 창조적 존재임을 주장한다. 사르트르는 인간이 이성적 동물, 신체, 두뇌, 불멸의 정신 등 미리 정해진 본질에 얽매일 필요는 없다고 말한다.

사르트르는 『실존주의는 휴머니즘이다』에서 이렇게 설명한다.

"신이 존재하지 않는다면 실존은 본질에 앞서는 존재다. 보통 대부분 존재는 어떤 개념을 설명해야만 하지만 개념과 설명에 앞서 있는 존재가 있다. 그것은 바로 인간이다. …… 실존이 본질에 앞선다는 말이 무슨 뜻일까? 인간은 먼저 존재해야 자신을 만나고 세상에 나타난다. 그 이후에 스스로를 정의 내린다."

사르트르 말을 해석하자면 나는 나 자신을 만들어 내

고, 몇 번이고 마음껏 자신을 창조하고 재창조한다는 의미다. 우리는 선하거나 악하도록, 담배를 피우거나 피우지 않도록, 의지가 강하거나 약하도록 미리 정해지지 않았다. 자유롭게 산다는 것은 나라는 존재를 오로지 내 스스로 결정한다는 사실을 이해하고 깨닫는 행위다. 사르트르는 『존재와 무』에서도 이야기했다.

"인간으로 세상에 존재하는 이유는 스스로 선택하기 위해서다."

살면서 겪는 수많은 문제의 결정권은 나 자신에게 있다. 예를 들어, 장애물을 만났을 때 그것을 극복할지 포기할지 결정하는 것은 바로 나다. 사르트르는 우리가 어떤 상황에 '빠진' 것이 아니라 그렇게 되도록 그 상황을 '선택'한다고 말한다.

"살면서 벌어지는 일은 나로 인해 생기니 그 일로 속상해하거나 분노하거나 체념하면 안 된다. 나에게 벌어지는 모든 상황은 온전히 내 것이다. 내가 겪는 모든 일의 결정자는 나다. …… 그 상황이 나를 나타낸다."

즉, 눈앞에 벌어지는 모든 일은 결국 나의 선택이라는 것이다. 어떤 상황을 절망적으로 느끼는 이유는 그 상황을 절망적으로 바라보기로 선택했기 때문이다. 그 어떤 일도 우연히 벌어지지 않으며 숙명도 아니다. 인생이라는 법정에서 1심, 2심, 3심 공판의 판사는 모두 나 자신이며, 삶의 의미를 나 스스로 결정한다. 이 '판결'을 회피할 수는 없다. 우리는 자신을 책임져야 하는 '종신형'을 선고받은 것이다. 거기에 선택의 자유라는 '종신형'까지 더해진 것이다.

"책임을 회피하려는 욕망조차 나의 선택이다. …… 도망치거나 아무런 행동도 하지 않기로 결심하는 일까지 모두 내가 한 선택이다."

그리스 신화 속 페넬로페의 이야기는 우리 삶을 잘 보여 준다. 남편 오디세우스를 기다리던 페넬로페는 끈질긴

구혼자들의 압박을 피하고자 며느리의 마지막 도리를 핑계 삼아 묘책을 짜낸다. 그녀는 늙은 시아버지의 수의를 완성해야 한다며 낮에는 천을 짜고 밤에는 그것을 다시 푸는 일을 반복한다.

우리의 삶도 이런 페넬로페를 닮았다. 페넬로페가 천을 짜고 푸는 것처럼 우리도 끊임없이 자신을 만들고, 때로는 그 모습을 허물어 다시 만들며 한평생을 살아간다.

"사람은 고쳐 쓰는 게 아니다."

인간을 선택권 없는 무력한 존재로 취급하는 이들은 사르트르의 철학과 정면으로 대립한다. 그러나 역설적으로, 그들이 반(反)사르트르주의자가 되겠다고 결정하는 것 자체가 하나의 '선택'이다.

마지막으로, 어떤 상황에서도 이 책을 끝까지 읽기로 결정하고 실천한 당신. 사르트르의 관점에서 보면 당신은 스스로 선택하고 행동하기 위해 존재하는 진정한 인간의 모습을 보여 주고 있는 것이다.

감사의 글

|

　나와 마찬가지로 온갖 상투적인 언어 표현을 사용해
서 내가 철학을 할 행복한 기회를 제공해 준 모든 사람에게
감사한다. 개정판을 출간한 출판사, 그리고 나를 신뢰하고
원고를 주의 깊게 읽어 준 편집자에게 큰 감사를 표한다.
원고 교정자와 내 책의 한결같은 첫 독자인 PG에게 감사를
전한다.

로랑스 드빌레르

**로랑스 드빌레르의
스무 살에 알았더라면 좋았을 철학의 위로**

초판 1쇄 발행 2025년 1월 25일
지은이 로랑스 드빌레르
옮긴이 이정은 **그린이** 김태권

펴낸이 전정아
편집 기예형 **디자인 및 조판** nu:n
홍보 하민희

펴낸곳 리코멘드
등록일자 2022년 10월 13일 **등록번호** 제 2024-000194호
주소 서울특별시 마포구 월드컵북로 400 5층 16호
전화 0505-055-1013 **팩스** 0505-130-1013
이메일 master@rdbook.co.kr **홈페이지** www.rdbook.co.kr
페이스북 www.facebook.com/rdbookkr
인스타그램 www.instagram.com/woojoo1ike
블로그 blog.naver.com/rdbookkr

ISBN 979-11-94084-08-2 03100